돈의 진리

돈의 진리

사이토 히토리 지음 • 김윤경 옮김

RHK
알에이치코리아

나는 사람들에게 많은 상담 요청을 받는데, 그 가운데 가장 자주 상담하는 주제는 역시 돈에 관해서다. 일이나 가족에 관한 상담도 언뜻 생각하면 돈과는 직접 관련이 없어 보이는 내용이지만 알고 보면 돈의 성질이나 본질을 알면 해결할 수 있는 문제가 수두룩하다. 그래서 이 책에 돈에 쪼들리지 않는 방법과 부자가 되는 방법을 정리했다.

내가 아는 한, 돈에 관해서 이보다 더 유용한 이야기는 없다. 만약 있다면 당장이라도 나부터 들으러 달려갈 것이고 언제든지 나의 방식을 바꿀 용의

가 있다.

　실제로 나는 이 책에 쓴 내용을 실천했기에 일본에서 누계 납세액을 가장 많이 내는 대부호가 되었으며, 내 제자나 나의 가르침을 실천해서 성공한 사람도 전국 곳곳에 많이 있다.

　그러므로 우선은 '이렇게 하라는 건가?' 하는 정도라도 좋으니 이 책에 쓰인 내용 가운데서 자신이 할 수 있는 방법을 하나씩 실천해 보길 바란다. 그렇게 첫발을 디딘다면 당신 앞에는 반드시 행복한 부자가 되는 길이 열릴 것이다.

　다만 먼저 한 가지 양해를 구하고 싶은 것이 있다. 이 책에는 '신神'이라는 말이 자주 나오는데, 이는 내가 신을 믿기 때문이다. 그렇다고 해서 종교가는 아니다. 또한 "당신도 신을 믿으십시오"라고 말하는 것은 더더욱 아니다. 신을 믿든 믿지 않든 결과는 같다. 사과를 손에서 놓으면 땅으로 떨어지듯이 부를 내 손에 거머쥐는 것도 '법칙'과 같다.

여행자는 한밤중에 길을 잃으면 '북극성'을 지표 삼아 자신이 있는 위치와 나아가야 할 방향을 찾아낸다. 진심으로 이 책이 당신에게 북극성이 되기를 바란다.

목차

제2장

돈이 들어오지 않는
사람들의 공통점

제3장

눈앞에 닥친 문제가 주는 좋은 신호들

제4장

성공에 대한
믿음

제5장

운이 좋다고 믿으면
더 좋아지는 운

제1장

부자처럼
돈을 대하는 방법

자신을 위해서 돈을 남겨두지 않는다면

자신을 전혀 사랑하지 않는 것이나 다름없다

내 생각이
부를 결정합니다

인간을 크게 두 부류로 구분해 특수한 재능을 가진 사람과 그렇지 않은 사람으로 나눌 수 있다. 여기서 말하는 재능이란 세계에서 1, 2위를 다툴 정도로 발이 빠르다거나 한 곡만 불러도 몇천만원을 벌 만큼 노래를 잘하는 정도로 사람들이 인정하는 능력을 말한다. 특출난 재능을 갖고 있는 사람은 그 재능을 활용하면 부자가 될 수 있다. 평범한 사람들은 남다른 재능을 가진 사람을 보고 "좋겠다!", "행운이네!" 하고 생각할지도 모르지만 그건 부러워할 일이 아니다.

특출난 재능을 갖고 있는 사람은 과거, 즉 몇 세대에 걸쳐 그 재능을 갈고닦아온 사람이라고 생각하자. 미국 메이저리그에서 눈부시게 활약한 이치로 선수도 노력만으로 그만한 선수가 된 것은 아니다. 물론 지금 이 생에서도 엄청나게 노력하고 있지만, 더 나아가 전생에서도 몇 대에 걸쳐 노력을 거듭 쌓아온 결과이다. 그러므로 다른 사람이 당장 이치로 선수와 같은 노력을 한다 해서 반드시 이치로 선수와 똑같이 될 수는 없다.

작곡가 쇼팽은 세 살 때 어려운 곡을 연주했다고 하는데 그 또한 몇 대에 걸쳐 음악적 재능을 갈고닦아 왔기 때문이다. '우리 아이도 어릴 때부터 일찌감치 피아노를 가르치면 되지 않을까?' 하고 생각하는 사람이 있겠지만 쇼팽처럼 되기는 좀처럼 쉬운 일이 아니다.

그렇다고 해서 비관할 필요는 없다. 지금 우리가 노력한 일은 반드시 어딘가에서 도움이 된다. 당장 이렇다 할 결과가 나오지 않더라도 반드시 보상받을 때가 오게 되어 있다. 그러므로 공부든 운동이든 어떤 분야에서 아무리 노력해도 재능 있는 사람을 이기지 못한다고 포기할 게 아니라 '현세에서 성과가 나오지 않더라도 내세에는 꽃이 필 테니까' 하는 마음으로 즐겁게 하면 된다. 모든 일이 그렇듯이 괴로워하면서 마지못해서 하기보다는 즐거운 마음으로 계속해야 좋은 결과를 손에 넣을 수 있다. 그런 과정 속에서 부를 자연스레 끌어당기는 내공을 쌓을 수 있다.

남 좋은 일만
하고 있지 않나요

특출난 재능을 갖지 못한 사람은 어떻게 해야 부자가 될 수 있을까. 직장인이든 개인 사업을 하는 사람이든 일해서 벌어들이는 '수입'이 있다. 수입이 없는 사람은 우선 일을 해서 돈을 버는 것부터 시작하길 바란다. 전업주부라면 가정 일을 도맡아 남편과 가족을 돌보고 있으므로 부부가 함께 수익을 벌어들인다고 생각할 수 있다. 부자가 되려면 그 수입 가운데서 10분의 1만 자신에게 주면 된다.

이렇게 말하면 "아니요. 저는 받은 급여를 전부

자신에게 주고 있는 데요"라고 반문하는 사람이 있을 것이다. 그렇다면 그 돈이나 그만큼의 가치가 자신의 손안에 남아 있어야 한다. 만약 돈이 전혀 자신의 수중에 남아 있지 않다면 당신은 그 돈을 **누군가에게 주었다**는 말이 된다. 집세로 집주인에게 주었거나 식비로 슈퍼마켓에, 또는 핸드백값으로 명품 매장에 건넸을 것이다. 바꿔 말하면 집주인이나 슈퍼마켓을 위해서 일하고 있는 것이나 매한가지로, 좀 더 심하게 말하면 사회의 노예나 다름없다.

물론 살아가려면 생활할 집도 필요하고 건강을 유지하는 데 식비도 든다. 하지만 일해서 번 돈이 수중에 한 푼도 남아 있지 않다면 전부 누군가를 위해서 준 것과 같다고 해야 한다. 나를 위해 써야 할 순간에 정작 돈이 없을 테니 말이다.

우선 수입 가운데 10분의 1을 남겨라. 한 달 급여로 200만 원을 받는 사람은 20만 원을, 300만 원을 받는 사람이라면 30만 원을 매월 남겨두는 것이다. 그렇게 하면 300만 원을 버는 사람은 1년 후에 360만 원을 모으게 되고 10년 후에는 3,600만 원을 가진다. 우선 집주인이나 옷가게, 또는 술집을 위해서만 사는 노예 생활에서 벗어나 10분의 1만이라도 자신에게 주는 거다. 수입의 10분의 1을 손안에 꼭 쥐고 있어라. 단 10퍼센트면 된다. 나머지는 다 써도 좋다. 90퍼센트를 저축하라는 말이 아니지 않은가. 자신이 번 돈이 전혀 남아 있지 않은 까닭은 자신에게 한 푼도 주지 않았기 때문이다. 어른이나 아이나 할 것 없이 돈을 주면 좋아한다. 그렇게 좋아하는 돈을 옷가게와 술집에 다 줘버리다가는 자신에게 한 푼도 남지 않는다. 자신을 위해 남겨놓지 않는 것은 자신을 전혀 사랑하지 않는 행위다. 일단 수입의 10퍼센트를 남기는 일이야말로 돈에 쪼들리지 않는, 그리고 부자가 되기 위한 첫걸음이다.

지혜와 인내가
자연스레 부를 끌어당깁니다

머리말에서도 언급했던 '법칙' 이야기를 좀 더 해보겠다. 인간은 몇 번이고 다시 태어난다. 과연 무엇을 위해 여러 번 다시 태어나는 걸까? 정신세계를 깊고 넓게 만들기 위해서다. 그렇다면 정신력을 향상하는 방법은 무엇일까? 바로 지혜와 인내가 나를 단련할 수 있다.

　사람이 태어나면 누구든지 그 앞에 시련과 고난이 준비되어 있다. 그 사람의 인생에서 그야말로 가장 좋은 시기에 난데없이 시련과 고난이 나타나도록 짜여 있다. 시련과 고난이 떡하니 내 앞을 가로막았을 때 그 문제를 해결하려면 지혜와 인내가 필요하다. 즉, 어떻게 해결해야 좋을지 지혜와 인내를 배우면서 정신력을 단련해야 한다. 누구에게나 시련과 고난은 찾아온다. 이는 정해진 일이고, 피할 수 있는 문제가 아니다.

목숨命이라는 한자를 한 획씩 살펴보면 '사람人은 한 번一은 두드려 맞는다叩'고 되어 있다. 사람이 인생을 살아가다 보면 반드시 시련과 고난에 흠씬 두드려 맞게 되어 있는데 이때 어떠한 마음자세로 마주하느냐가 매우 중요하다.

사람들은 대부분 고난을 두려워한다. 심지어 고난은 겪기 싫을 뿐더러 오지 않아야 좋다고 생각하는 사람이 있다. 이런 사람은 대개 고난이 닥쳐오면 덜컥 무릎을 꿇고 만다. 아무리 싫어도, 아무리 도망치려고 해도 시련과 고난은 찾아오게끔 되어 있다.

나는 "힘든 일은 일어나지 않을 거야"라고 자주

말한다. 이 말은 곧, 힘든 일이 일어나는 것은 정신력을 성장시키기 위해서라는 뜻이다. 결코 고난이 아니라 계단 같은 것이니까. **자신에게 닥친 일을 고난이라고 생각하느냐, 아니면 자신이 성장하기 위한 계단이라고 생각하느냐에 따라 인생 자체를 받아들이는 마음 자세도, 그리고 음미하는 방법도 확연히 달라진다.** 세상의 이치가 우리에게 인내를 요구하는 방향으로 이끌어갈때가 있다. 그렇다면 돈을 모으는 데도 지혜와 인내를 이용하면 된다.

빈곤의 파동은
없앨 수 있습니다

다시 수입의 10퍼센트를 모으는 이야기로 돌아가 보자. 한 달에 급여를 200만 원 받는 사람이라면 월 20만 원을 지갑 속에 남겨둔다. 그러면 다음 달에는 40만 원이 되고 5개월 뒤에는 100만 원으로 불어난다. 점차 두툼해지는 지갑이 만족스러울 즈음에 "은행에 넣어두면 안 되나요?" 하고 묻는 사람도 있다. 그래도 당장은 지갑에 넣어두길 권한다. 지갑 속을 살찌우는 데 의미가 있기 때문이다. 이것도 하나의 법칙인데, 돈은 있는 곳에 더 모여드는 습성이 있다. 사실은 텅빈 지갑을 갖고 다니는 것이 가장 나쁘다. 세상의 모든 일에는 '파동'이라는 물결이 있어 각각의 물결이 서로 울림을 주고 영향을 미침으로써 어떤 일이나 현상이 일어난다. 그래서 지갑 속에 돈이 별로 들어있지 않으면 그곳에서 빈곤한 파동이 나오게 된다. 반대로 지갑 속에 돈이 충분히 들어 있으면 그곳에서는 부유한 파동이 나온다. 그 풍요로운 파동이, 자신과 똑같이 풍요로운 파동을 가진 것을 끌어당긴다.

더욱이 돈을 넉넉히 갖고 있다는 정신적인 풍요로움마저 생겨나 마음에 여유가 깃들고 금전적인 안도감도 얻을 수 있다. 다만, 이때 대부분의 경우에 발생하는 문제가 있다. 돈을 갖고 다니면 자신도 모르는 사이에 쓰고 싶은 유혹이 훅 밀려와 금세 써버리기 쉽다는 점이다. 돈이 있다고 해서 그때그때 써버리는 습관은 인내가 부족하다는 증거다. 그렇기에 더더욱 돈을 가지고 다녀도 쓰지 않는 인내심을 길러야 한다. 사람의 욕심에는 끝이 없다. 이번에 급여가 오르면 저축을 해야겠다고 마음먹지만, 막상 급여가 인상되고 나면 늘어난 금액만큼 욕심도 덩달아 커진다.

매월 수입 200만 원에서 20만 원을 모으고 있다면, 급여가 300만 원으로 오르고 나서는 늘어난 액수인 100만 원과 월 저축액 20만 원을 더해 120만 원을 매월 저축할 수 있어야 한다. 하지만 실제로는 그 정도 액수를 저축하기란 어렵다. 수입이 늘어난 만큼 욕심도 커져 돈을 다른 데 사용하기 때문이다. 우선은 수입의 10퍼센트를 지갑에 남겨놓고 부유한 파동을 몸에 익히는 동시에 돈을 가지고 다니면서도 사용하지 않는 인내심을 길러보자.

간혹 지갑에 큰돈을 넣어두면 지갑을 잃어버리거나 소매치기를 당하지는 않을까 걱정하는 사람도 있다. 이때 돈을 갖기 위한 '기량'이 시험된다. 사람은 자신의 기량을 넘어서는 돈은 가질 수 없다. 복권 당첨금이나 임시로 생긴 수입이 완전히 자기 것이 되지 않는 현상도 이러한 연유에서다. 그러므로 우선 인내력을 기르면서 점차 큰돈을 가질 수 있을 만큼의 기량도 함께 키워나가야 한다.

투자할 때 누구에게
달콤한 보상인지부터 보세요

지갑의 크기에는 한계가 있다. 결국은 다 들어가지 않게 된다. 그럼 "더는 들어가지 않으면 어떻게 하나요?" 하는 질문이 나올 텐데, 이때 필요한 것이 바로 지혜다. 돈을 모으는 데는 인내가 필요하지만 이번에는 그 모은 돈을 축내지 않고 늘리기 위한 지혜가 절실히 필요하다.

물론 돈이 없으면 '떨어뜨리지 않는다', '잃어버리지 않는다', '도둑맞지 않는다'는 3무無 상태가 될 테니 떨어뜨리고, 잃어버리고, 도둑맞을 세 가지 걱정을 할 필요가 없다. 하지만 돈이 있으면 반드시 그 지혜를 시험당하는 상황이 찾아온다.

우선은 달콤한 이야기에 걸려들거나 속지 말아야 한다. 잊지 말아야 할 것은 돈이 있으면 꼭 그 돈을 노리는 사람이 나타난다. 애초에 그럴듯한 이야기에 말려들거나 속는 일 자체는 지혜가 없다는 증거다. 고금리인 데다 안전한 투자처가 있다며 누군가에게 투자를 권유받았다고 생각해보자. 하지만 그 정보가 사실이라면 당신보다 먼저 대형 은행이 투자했을 것이다. 하지만 실제로 은행이 투자하지 않은 것은 안전하고 유리한 투자처가 아니라고 판단했기 때문이다. 당신에게 들어온 '달콤한 이야기'는 대부분 '상대에게 달콤한 이야기'다. 상대에게 유리한 이야기이기에 특별히 당신에게까지 찾아온 것이다. 감언이설에 속지 말고, 또한 상대에게 필요 이상으로 휘둘리지 않도록 주의해야 한다. 예를 들어, 증권회사나 투자회사는 적극적으로 상품의 매매를 권한다. 매매가 이루어질 때마다 수수료가 발생하여 자신들에게는 돈벌이가 되기 때문이다. 따라서 '지금이 팔 때입니다'라든가 '매입할 절호의 찬스예요' 하는 식으로 매수나 매매를 부추기는 말에 일일이 솔깃해하지 말고 스스로 '팔 때'와 '살 때'를 신중히 판단할 수 있는 지혜를 갖추자.

스스로 투자하는 방식을
결정할 수 있어야 합니다

돈은 늘리는 것도 중요하지만 우선은 축내지 않는 것이 중요하다. 주식을 산다면 비상장 회사의 주식보다 상장 회사의 주식이 실적과 신용 면에서 더욱 믿을 만하다. 상장 회사는 좀처럼 망하지 않는다. 그만큼 여러 기준과 까다로운 심사를 거쳐 상장한 것이며 많은 회사가 계속해서 거래하고 있는 데는 그만한 신용이 바탕에 있기 때문이다. 게다가 상장되어 있으면 주식 시장이 열려 있을 때는 항상 매매가 가능하다. 즉, 필요할 때 언제라도 현금으로 바꿀 수 있다는 뜻이다.

하지만 비상장 회사의 주식이라면 상황이 다르다. 주식 시장이든 환전이나 선물 시장이든 자신이 투자한 돈을 잃지 않으려면 그에 관련한 지식이 있어야 한다. 그래서 경제나 국제 정세를 비롯한 다양한 정보에 끊임없이 관심을 두고 많은 내용을 배우게 된다. 그렇게 우리는 투자를 통해 한층 더 배울 기회를 얻는 것이다. 만약 1만 원으로 산 주식 가치가 5,000원으로 떨어졌다고 해도 그 주식을 팔지 않는 한 손해는 보지 않는다. 대개 내려간 것은 올라가고 올라간 것은 내려간다. 그 타이밍을 판단하는 것도 지혜다.

그렇다면 "제가 산 주식은 언제 오를까요?" 하고 묻는 사람이 있는데, 답은 당신이 그 주식을 팔았을 때다. 반면에 "언제 내려가죠?"라고 한다면 당신이 샀을 때다. 그건 바로 당신이 초보자이기 때문이다. 투자 초보는 주가가 오를 거라는 정보를 은밀히 전해 듣고 주식을 산다. 하지만 당신에게까지 정보가 흘러들어왔을 때는 이미 그 주식은 오를 대로 올라 있는 경우가 대부분이다. 그러므로 주식 투자를 하려면 처음부터 값이 오를 것을 기대하고 주식을 살 게 아니라, 우선은 값이 내려가지 않을 것 같은 주식을 사야 한다. 그렇게 하다 보면 여러 가지 정보를 입수하게 되고 점점 노하우가 생기면서 실력도 높아져 값이 오를 주식을 알아보는 안목도 생기게 된다. 금액이 싼 주식을 보유하고 있는 회사는 실적이 좋지 않으니까 주가가 낮은 것이다. 하지만 그 회사 사람들은 어떻게든 실적을 올리려고 애를 쓴다. 실적이 올라가면 주가도 함께 올라갈 것이다. 그러므로 회사의 주식을 살 때는 '힘내!' 하고 회사를 응원하는 마음으로 사야 한다. 조금 더 나아가, 월 20만 원을 주식에 투자한다고 치면 월 20만 원을 내고 세상 돌아가는 이치를 배운다고 마음을 편안하게 먹는 것이 좋다. 투자신탁이나 투자회사에 돈의 운용을 모두 맡기는 사람이 많은데 이 방법은 별로 권하고 싶지 않다. 회사에 운용을 모두 맡기면 자신만의 지혜를 익힐 수 없기 때문이다.

물론 신뢰할 수 있고 실적도 좋은 회사라면 맡겨도 괜찮을 것이다. 하지만 우선은 자신이 배우고 스스로 판단해서 노하우를 쌓는 것이 중요하다. 그리고 주식 이야기를 꺼낸 것은 어디까지나 지혜를 쌓기 위한 예일 뿐이다. 여러분에게 주식 거래를 권하는 것이 아니니 만일 당신이 주식을 하겠다면 그때는 반드시 자신의 책임하에 하길 바란다.

당신은
매력적인 투자처인가요

투자 이야기를 하면 항상 "히토리 씨는 어떤 주식을 사세요?" 하는 질문이 날아들곤 하는데, 나는 지금까지 단 한 번도 주식을 산 적이 없다. 나는 다른 회사에 투자하기보다는 나 자신에게 투자하고 있다. 나 자신이 가장 안전하고 유리하며 확실한 투자처라고 생각하기 때문이다. 이 책을 읽고 있는 독자들 가운데에도 앞으로 독립을 준비하는 사람이 있을 것이다. 다니던 회사를 그만두고 자신에게 투자하려는 사람이 늘고 있다.

이때 한 가지 반드시 짚어봐야 할 사항이 있다. 당신은 투자처를 선택할 때 사업에 대한 지식이 적은 곳에 투자하겠는가? 관련 지식도 경험도 얄팍한 데다 심지어 공부하려고도 들지 않는 사람에게 투자가 이루어질 수 있을까? 혹은 회사에 가기 싫어서 직접 회사를 만들겠다는 사람에게 투자하겠는가? 자신이 독립을 계획하고 있다면, 주위에서 볼 때 자신이 과연 매력 있는 투자처인가를 반드시 짚어봐야 한다. 직장인도 마찬가지다. 회사는 인재라고 판단하면 헤드헌터에게 돈을 더 지불하고서라도 스카우트해서 영입하려고 한다. 설사 아무리 심한 불황이 닥쳐도 일 잘하는 직원을 해고하지는 않는다. 회사가 도산하는 일이 생기더라도 매력적인 가치를 지니고 있는 사람은 이곳저곳에서 서로 끌어가려고 할 게 분명하다.

그러므로 직장인이든 창업을 준비하는 사람이든 누구나 일을 하면서 '나는 매력적인 투자처인가?' 하고

되돌아보길 바란다. 더구나 독립할 마음이 있다면 이
는 더욱 중요한 일이다.

돈을 지킬 수 있는
기량을 만드세요

무슨 일이 있어도 손안에 들어온 돈에서 10퍼센트를 모았다면 그렇게 모은 돈이 줄어들지 않도록 하고 현명하게 운용할 방법을 생각해야 한다. 정기예금은 금리는 아주 적지만 당신이 번 돈을 굴릴 수 있다. 보통 예금도 당신이 은행에 돈을 빌려주는 것이니 그러한 발상만으로도 마음의 여유가 생길 수 있다. 지금은 소액이라도 주식투자를 할 수 있는 제도가 있으므로 그런 금융상품을 이용해 어쨌든 자신에게 들어온 돈의 10분의 1을 축내지 않고 늘리는 데 이용하자. 처음에는 비록 소액일지라도 돈이라는 것은 모일수록 가속의 법칙이 작동해 점점 더 모이기 마련이다.

　얼마 전에 강의에 오던 제자 중 한 명이 이 이야기를 듣고 자신도 시작해보자고 마음먹고는 한 달 용돈 30만 원 가운데 3만 원 씩 모았다고 한다. 그러자 그 이후 왠지 좋은 일이 하나 둘 일어나기 시작했다. 다시 말해 체질이 바뀐 것이다. 그 사람은 '돈이 있으면 전부 써버리는 체질'에서 '돈이 모이는 체질'로 바뀌었다. 이 방법이라면 공무원도 부자가 될 수 있으며 불확실한 소득 수준의 근무자도 부자가 될 수 있다. 반대로, 장사를 하는 사람이나 사장이라도 돈을 모으겠다고 의식하지 않는 한 돈은 모이지 않는 것이 법칙이다. 매월 1,000만 원을 버는 사람이라도 매월 1,000만 원을 써버린다면 돈은 남아 있지 않는다. 돈을 많이 벌면 부자라고 생각하기 쉽지만 결코 그렇지 않다. 결국 부자가 되기 위해서는 돈을 제대로 모으는 '기량'이 필요하다.

고액 복권에 당첨된 사람 중에 부자가 된 사람이 적거나 혹은 거의 없는 이유는, 기량이 없는 상태에서 큰돈을 갖게 되었기 때문이다. 돈을 소유할 만한 기량도 없는데 돈이 들어오면 '일시적인 부자'는 될지 몰라도 결국은 그 돈을 계속 쥐고 있지 못한다. 돈을 제아무리 많이 버는 사람도 돈을 갖기 위한 기량이 없으면 돈이 있어도 '돈에 쪼들리는' 결과를 초래한다.

그 기량이란 과연 무엇일까? 바로 내가 이 책에서 계속 언급했던 지혜와 인내다.

부자가 되려면 돈을 버는 것도 중요하지만 돈을 지킬 수 있는 기량을 기르는 일도 중요하다. 기량은 어떻게 기를 수 있는 것일까? 무엇보다 먼저, 돈이 있어도 절대 쓰지 않는 인내를 익히고 그다음에는 그렇게 모인 돈을 축내지 않고 늘리는 지혜를 익히면 된다.

돈을 통해 지혜와 인내를 배우면
고단함이 줄어듭니다

미리 돈에 관련한 지혜와 인내를 길러두면 시련과 고난이 줄어든다. 결국 우리는 지혜와 인내를 배우기 위해 이 세상에 태어났다. 따라서 자신이 적극적으로 배우면, 결코 억지로 지혜와 인내를 배울 일이 생기지 않는다. 하지만 스스로 지혜와 인내 배우기를 게을리 하면 시련과 고난이라는 형태로 나타나 가르치려고 할 것이다. 수업 시간에 풀지 못했던 문제가 숙제로 나오는 것과 마찬가지다. 예습을 철저히 해두면 수업 시간에 충분히 이해할 수 있는 데다 성적도 잘 나온다.

하지만 예습을 하지 않거나 심지어 수업마저 빼먹는다면 시험 결과는 엉망이 되어 마침내는 유급하거나 추가시험을 치러야 할 지경에 이를 것이다. 이와 마찬가지로 돈을 통해 적극적으로 지혜와 인내를 배우면 시련과 고난이 닥쳐 강제로 배워야 할 필요가 없어진다.

신은 우리가 지혜와 인내를 갖기를 바란다. 그래서 나는 돈 버는 데 있어서도, 어떻게 하면 돈을 벌 수 있을지를 생각하기보다 어떻게 하면 지혜와 인내를 기를 수 있을지에 집중한다.

'일할 때 지혜와 인내를 기르면 신은 내 편이 되어준다'는 것이 내가 말하고자 하는 이론이다. 신은 우리에게 돈을 추구하는 '욕심'을 불어넣어 주었다. 그 욕심이 있기에 사람은 적극적으로 지혜와 인내를 배우려고 한다. 결국 욕심도 신이 준 사랑이다.

신이 내 편이 되어 줄 수 있는
당연한 일을 하세요

획기적인 상품을 개발하거나 꾸준히 매출을 올려서
많은 사람에게 존경받는 경영자를 보고 "훌륭해!" 하
고 감탄할지도 모르지만, 앞서도 말했듯이 그런 사람
은 대부분 전생에서 몇 세대에 걸쳐 노력을 거듭 쌓아
온 사람이다. 따라서 앞으로 부자가 되고 싶다면 우선
은 당연한 일부터 시작할 수밖에 없다. 신이 내 편을
들어줄 수 있는, 그런 당연한 일을 하면 된다. 지혜와
인내로 돈벌이를 배우는 것이다. 지혜와 인내가 뛰어
나면 기회는 얼마든지 생긴다. 경영에 실패하는 것도

그에 필요한 지혜와 인내가 아직 자신의 것이 되지 않았기 때문이다. 그러므로 가장 먼저 지혜와 인내를 배워야 한다.

직장인에게는 직장인에게 필요한 지혜와 인내가 있고, 경영자에게는 경영자에게 필요한 지혜와 인내가 있다. 우선은 그것을 배워라. 그러면 배워서 얻은 지혜와 인내에 따라서 얻을 수 있는 결과물도 달라질 것이다. 결국 실력에 걸맞은 만큼 들어오게 된다.

자문을 구하는 방법과 대상이
적합한지 살펴보세요

지혜를 늘리는 방법은 여러 가지가 있다. 책을 읽는 것도 한 가지 방법이다. 책에는 선인들의 지혜가 무수히 담겨 있다. 사람이 일생에서 경험할 수 있는 일에는 한계가 있지만, 책을 읽으면 다양한 사람의 경험을 얼마든지, 그리고 어디서든지 공유할 수 있다.

또한 다른 사람의 조언을 구하는 것도 지혜다. 단, 의견을 물을 때는 누구에게 묻느냐가 중요하다. 생선에 관한 지식이 필요한데 채소 장수에게 물으러 가는 건 잘못된 방법이라는 것쯤은 누구나 잘 알고 있다. 만약 당신이 독립해서 회사를 차리고 싶다면 회사를 세워 문제없이 잘 운영하는 사람에게 물어봐야 한다. 자신과 같은 입장인 직장인 친구에게 묻거나 아내와 상의했다가 반대에 부딪혔다는 사람이 있는데, 이는 상담할 상대를 잘못 고른 것이다. 문제를 해결하고자 답을 찾는다면 그 분야의 전문가에게 구해야 한다. 간혹 전문가에게 물어봤지만 가르쳐주지 않았다거나 자신이 대답을 잘 이해하지 못했다고 하소연하는 사람이 있다. 이때는 대부분 묻는 사람에게 원인이 있다. 의견을 듣고자 하는 사람은 상대가 이야기를 술술 풀어놓고 싶게끔 적절한 질문을 던져야 하며 동시에 상대의 이야기를 잘 듣는 기술도 필요하다.

또한 당연하다고 생각하는 것이 실은 꼭 그렇지 않은 경우도 있다. 경영 컨설턴트가 하는 말이 당연하다고 생각되겠지만, 컨설턴트란 원래 상대가 당연하다고 믿게 하는 데 능숙하다. 그 사람에게 꼭 사업에서 성공한 경험이 있다고는 볼 수 없다. 반대로 '웃으면 성공할 거요'라든가 '감사하게 여기는 마음이 중요합니다' 하는 말처럼, 경영 컨설턴트가 이야기해주지 않는 내용 중에도 성공에 다가가는 비법은 수없이 많다. 경영 컨설턴트는 타인을 납득시키는 데는 노련하지만 그렇다고 해서 반드시 자신이 성공한 경험이나 노하우를 가진 것은 아니기 때문이다. 만약에 정말로 그런 노하우를 갖고 있다면 자신이 사업을 일으켜 성공했을 것이다. 모터보트 경주나 경마에서 순위를 예상해 그 정보를 판매하는 경우도 마찬가지다. 정말로 우승 보트나 우승마를 알아맞힐 수 있다면 자신이 독차지하지 않겠는가. 예상 정보를 팔기보다 직접 사서 맞히는 편이 분명히 돈이 될 테니 말이다.

남에게 알려주기보다는 내가 직접 시도해서 돈을 버는 것이 훨씬 빠르고 확실하며 큰돈을 벌 수 있다.

그리고 정말로 알고 싶은 이야기는 역시 내 쪽에

서 들으러 가야 하고 머리 숙여 물어야 하는 법이다. 상대가 먼저 제안해오는 것은 '상대에게 좋은 일'인 게 틀림없다. 그런 간단한 이치를 아는 것도 지혜다. 신은 '지혜를 익혀라' 하고 말한다. 그리고 정말로 지혜가 있는 사람은 자신에게 득이 되는 일만을 생각하지 않는다. 자신에게도 좋지만, 상대에게도 좋은 일이야말로 '정말로 좋은 일'이다. 타인만 좋고 자신에게는 좋지 않은 일은 계속되지 않는다. 그리고 자신에게만 좋은 일을 생각한다면 그 사람은 남들에게 미움받을 뿐이다.

돈이 모이면
자신감도 늘어납니다

"저는 자신감이 너무 없어요" 하고 고민을 털어놓는 사람에게 나는 "자신감이 없어도 자신 있는 듯한 표정으로 일하십시오"라고 조언하곤 한다. 자신 없는 얼굴로 일을 하면 상대를 불안하게 하기 때문이다. 자신이 없다는 마음이 '겸허'해서라면 괜찮다. 겸허한 사람은 자신이 없다고 여기기 때문에 오히려 더 배우려고 하고 노력을 기울인다.

반면에 자신감이 넘치는 나머지 아무런 위기의식 없이 노력을 게을리하는 사람은 그 자리에서 더는 성장하지 못한다. 그러므로 겸허한 마음을 가지려 하거나 더욱 성장하고자 애쓰는 자세가 바람직하다.

　자신감이 없기 때문에 공부한다는 사람도 있다. 그러나 공부만 파고들어 얻을 수 있는 건 지식뿐이다. 제아무리 머리로 공부를 해도 진정한 자신감은 붙지 않는다. 용기를 내어 실제로 해보지 않으면 자신감은 솟아나지 않는다. 그래서 지식은 용기로 빛난다고 말하고 싶다. 아무리 훌륭한 지식이라도 용기를 갖고 행동으로 옮겼을 때 비로소 그 가치가 발휘되기 때문이다.

　우리가 사는 이 지구라는 별은 '행동의 별'이다. 행동하지 않으면 아무 의미가 없다. 따라서 남에게 무언가를 가르칠 때 자신이 없어도 자신 있는 얼굴을 하고 있으면 된다. 그렇게 100명 정도에게 말하다 보면 자신감도 따라붙기 마련이다. "자신은 없지만……" 하고 쭈뼛거리면서 말하는 태도는 그 말을 듣는 상대에게도 실례일뿐더러 영영 신뢰를 얻을 수 없다.

그다음은 경험이다. 수영에 관한 책을 많이 읽는다고 해서 헤엄칠 수 있는 것은 아니지 않은가. 방대한 지식을 갖고 있으면서도 출세하지 못하는 사람은 배짱이 없어서다. 그런 사람에게는 지식을 살리기 위한 용기가 필요하다.

하지만 용기가 없는 사람도 부자가 될 수 있다. 손에 들어온 돈의 10퍼센트라도 저축하면 돈은 모인다. 다만, 장사를 하려고 결심했다면 용기가 필요하다. 카페를 경영하고 싶다고 해서 아무리 카페를 연구한들 할 수 있는 게 아니다. 가게를 열고 직접 부딪쳐 일하면서 배워가는 수밖에 없다. 게다가 산처럼 많은 지식 중에서 정말로 활용할 수 있는 지식은 그렇게 많지 않다. 그것을 확인하기 위해 필요한 것이 용기이며 행동이다. 용기를 갖고 행동할 때 비로소 '단순한 지식'이 '쓸모 있는 지혜'로 바뀐다.

제2장

돈이 들어오지 않는
사람들의 공통점

모두 돈을 좋아하지만

돈에 사랑받지 못하면 소용없다

아무리 내가 돈을 좋아해도

돈이 나를 좋아하지 않으면 내게 오지 않는다

빼앗는다고 내 것이 되지 않는 것이 돈의 원리입니다

'부자가 되지 못하는 사람' 또는 '왠지 돈이 들어오지 않는 사람'에게는 한 가지 특징이 있다. 마음 어딘가에서 돈을 싫어하거나 돈의 본질을 이해하지 못한다는 점이다. 여기에는 여러 가지 이유나 원인이 있지만 우선은 돈의 본질을 알 필요가 있다. 바로 '돈은 한없이 있다'는 사실이다. 부자가 되기 위해서는 '한정된 돈'을 서로 빼앗아야 한다고 생각하는 사람이 있는 모양인데 이는 커다란 착각이다.

내가 태어나 자란 도쿄 신코이와(新小岩. 도쿄 23구

중의 하나인 가쓰시카葛飾 구에 있는 지역명—옮긴이)의 토지 가격이 지금은 한 평당 1,000만 원이 넘지만 내가 초등학생이었을 때만 해도 10만 원 정도였다. 옛날과 비교하면 전체 규모가 100배로 늘어난 것이다. 더구나 토지에 건물을 세우면 토지 가격은 더 올라갈 것이고, 주변에도 건물이 들어서게 되어 인구가 늘어나며 마을이 번성하면 토지 가격은 한층 더 오르게 된다. 이렇듯 역시 돈을 번다는 것은 서로 빼앗는다는 개념이 아니라 가치가 올라가 그만큼 윤택해지는 것이다. 제한은 없다. 자신에게 돈이 들어오지 않는 이유는 돈이 한정되어서가 아니라 당신이 이런 순환구조를 이해하지 못해서이다.

일본이 발행하고 있는 지폐 수량에는 한도가 있지만, 그 가치에는 한도가 없다. 그리고 돈이 유통되는 한, 가치는 끝없이 있는 것이다.

이런 식으로 말할 수도 있다. 나는 생활하는 데

도, 사업하는 데도 곤란하지 않을 정도의 돈을 갖고 있다. 그렇다고 해서 그 돈을 몸에 지니고 다니는 것은 아니고 은행에 맡겨둔다. 은행은 맡은 돈을 누군가에게 빌려주므로 그 돈은 설비 투자에 쓰이기도 하고 상품 개발에도 사용되면서 새로운 가치를 창출한다. 새로운 가치가 창출되면 새로운 소비가 생겨나고, 거기서 새로운 고용이 탄생하며 또다시 새로운 소비가 생성되는 식으로 끝없이 순환되는 것이다. 당신이 아무리 강물을 마신다고 해도 그 강물이 마르지 않는 것처럼 당신이 손에 넣을 수 있는 돈은 누군가와 쟁탈하지 않아도 될 만큼 적당히 많다.

고생해도 돈 버는 데에
내 노력을 쏟아야 좋습니다

경기가 좋을 때는 모두 돈을 만질 기회가 많다. 그리고 경기가 나빠져도 당장 돈이 없어지지는 않기 때문에 '돈이 있는 사람'에게는 여전히 돈이 있다. 그 돈 있는 사람이 바로 부자다. 부자는 '부자가 되는 방법'을 잘 알고 있다. 그러므로 부자가 되고 싶다면 그 사람에게 배우면 된다. 그런데 우리 사회는 부자가 마치 악인이라도 되는 것처럼 치부하는 경향이 있다. 하지만 실제로는 정말로 지혜가 있는 사람은 나쁜 짓을 하지 않는다.

'지능형 범죄'라고도 하는데 이는 기이하기 짝이 없는 말이다. 정말로 지혜가 있는 사람은 범죄가 얼마나 수지에 맞지 않는 일인지 잘 알고 있다. 따라서 지능범이라고 해봤자 계획 없이 되는 대로 강도질을 하는 사람에 비하면 지혜가 있는 편일지는 모르지만, 진정한 의미에서의 지혜는 없다. 그도 그럴 것이, 범죄로 빌딩을 세운 사람은 없을 것이 아닌가. 범죄로 진짜 부자가 된 사람이 없는데 부자가 되고 싶어서 죄를 저지른다는 것은 잘못된 일이다.

세금을 속이지 않고 내는 것도 사회에는 규칙이 있기 때문이다. 우리는 사회에서 살아가는 한 사회에서 정한 규칙을 지켜야 한다.

축구 경기에는 '손을 사용하면 안 된다'는 규칙이 있다. 손을 사용해 반칙으로 이길 수는 없는 노릇이다. 규칙을 지키면서 어떻게 이기느냐가 중요하며, 또 그렇기에 재미있지 않은가. 아무 규칙이 없고, 지키는 사람도 없는 골대에 얼마든지 공을 차 넣어도 된다고 하면 그런 경기는 보는 사람이나 하는 사람이나 전혀 재미를 느끼지 못할 것이다.

규칙을 지키면서 모두가 기뻐할 수 있는 경영을 하는 것, 그것이야말로 '신이 바라는 경영'이다. 규칙을 지키면서 지혜를 짜내는 편이 절대적으로 득이 된다. 속이는 편이 이익이라고 여긴다면 이는 유치한 발상이다. 세금을 속이는 사람이 있지만 세무서는 탈세를 꿰뚫어보는 프로다. 프로의 눈을 피할 만큼 교묘하게 세금을 속이려면 어지간히 고생을 해야 할 것이다. 어차피 똑같이 고생할 바에는 자신이 잘하는 일이나 돈 버는 데 힘을 쏟는 것이 좋지 않겠는가.

즐기는 데에
많은 돈이 필요하지 않습니다

부자가 되지 못하는 이유는 단순하다. 당신이 이탈리아식 요리사가 되고자 한다고 가정하자. 10년 정도 이탈리안 레스토랑에서 연수를 받으면 대부분의 요리를 만들 수 있게 될 것이다. 또한 판금사가 되려 한다면 10년 정도 판금 일을 익혀야 한다. 이와 마찬가지다. 부자가 되지 못하는 사람은 부자가 되려는 노력을 하지 않는 사람이다. 부자가 되기 위해 노력하겠다고 마음먹으면 누구나 할 수 있다. 요리사 수업을 받으면서도 자신에게 들어온 수입의 10퍼센트를 모으면서 그 돈을 축내지 않고 늘려가면 반드시 '부자 요리사'가 될 수 있다.

돈을 모으지 못하는 까닭은 생각이 미숙해서다. 그리고 미숙한 사람이야말로 한 병에 50만 원이나 하는 와인을 마시고 싶어 한다. 심지어 그런 사람 중에는 자신이 마시는 와인이 한 병에 500만 원짜리인지 1만 원짜리인지조차 구분하지 못하는 사람이 수두룩하다.

생각이 미숙한 사람은 놀 때도 돈을 들여야만 즐길 수 있다고 생각한다. 내가 경영하는 '긴자마루칸'(화장품과 건강식품을 판매한다−옮긴이)에서는 자주 장기자랑 대회를 여는데, 참가비는 1인당 1만 원이다. 무대에 올라오는 사람이나 보는 사람이나 모두 단돈 1만 원으로 하루를 무척 즐겁게 보낸다. 돈을 많이 내야만 놀 수 있고 즐길 수 있다고 생각하는 사람은 지혜가 없는 것이다.

돈이 곧 즐거움은 아니다. 돈을 쓰지 않으면 놀지 못하는 사람은 돈에 속박 당하는 것이나 다름없다. 돈을 쓰지 않고도 놀고 즐길 줄 아는 것이 진정한 지혜다.

일하기 싫어하는 태도가
돈을 적으로 만듭니다

직업을 갖고 일한다는 것은 곧 돈벌이를 의미한다. 이는 누구나 마찬가지다. 경찰관도 돈벌이다. 경찰관도 돈을 벌어야 생활할 수 있으며 당연히 사고 싶은 것도 있을 터다. 다만 목적은 돈벌이라도 그 수단이 '치안 유지'이며 '도둑을 잡는 일'인 것이다. 스트리퍼로 일하고 있는 사람도 목적은 돈을 벌기 위해서다. 돈을 버는 수단이 '알몸이 되는 일'일 뿐이다. 취미로 알몸이 되는 사람은 단지 '변태'니까.(웃음) 어떤 직업이든 목적은 돈을 버는 데 있다. 그러므로 일하기는 싫고 돈만 좋다고 하는 건 참으로 이상한 말이다.

　직장인은 회사에 일하러 간다기보다는 회사에 돈을 벌러 가는 것이다. 한 달간 시간과 노력을 회사에 팔고 한 달분에 해당하는 대가로 급여를 받는다. 그러므로 직장인이든 다른 일을 하는 사람이든 '일이 싫다'고 한다면, 이는 돈을 적으로 돌리는 일이다.

　인간관계에서도 '싫어, 싫다고!' 하고 말하면 상대가 기분 좋을 리가 없으며, 상대도 역시 말한 사람을 싫어하게 된다. 돈이란 일을 하니까 수중에 들어오는 것이다. 그 일이 나를 싫어한다면 돈은 들어오지 않는다. 일이 힘들다는 건 알지만 그렇다고 일을 싫어하면 돈도 나를 싫어하게 되기 때문이다. 그러므로 일이 아무리 고되고 힘들어도 우선은 '난 내 일을 정말 좋아해!' 하고 소리 내어 말해보자.

　나는 예전에 누가 "히토리 씨가 좋아하는 것은 뭡니까?" 하고 물으면 '돈과 여자와 여행'이라고 대답하곤 했다.(웃음) 하지만 최근에는 "일이 가장 좋습니다. 그다음으로 좋아하는 것이 여자와 여행이지요" 하고 대답한다.

당신이 실제로는 낚시나 여행을 가장 좋아하더라도 우선은 "일을 가장 좋아합니다" 하고 말해보라. 낚시하러 갈 수 있는 것도 여행을 떠날 수 있는 것도 일이 있어 보수를 받기 때문이 아닌가. 그러므로 일단 누군가가 "무엇을 좋아하세요?"라고 물으면 "일을 가장 좋아합니다"라고 대답하라. 질문받지 않더라도 스스로 "일하는 게 가장 좋아요" 하고 소리 내어 말해보자. 그렇게 하면 일도 나를 좋아하게 되고 나도 점점 더 일이 좋아져서 결국 돈에도 사랑받게 된다.

돈의 흐름을 막는
원인을 찾으세요

부자가 되려면 우선 '돈의 흐름'을 만들어야 한다. 복권 당첨자 중에 부자가 된 사람이 거의 없다는 사실에서 알 수 있듯이, 돈은 지혜가 없으면 빠져나가기만 하기 때문이다. 아무리 큰 저수지를 만들어도 그대로 내버려 두면 언젠가 말라붙고 만다. 하지만 강의 흐름을 바꿔 그곳에 저수지를 만들면 마르지 않는다.

나는 제자들에게 시계나 자동차를 선물한 적이 없다. 하지만 제자들은 자신의 돈으로 고급시계나 고급 차를 살 수 있다. 내가 그들에게 '물건을 살 수 있는 돈을 준' 것이 아니라 '살 수 있을 만큼의 지혜를 준' 결과로 가능해진 일이다. 돈의 흐름을 만들고 싶다면, 일하고 있지 않은 사람은 우선 일하는 것부터 시작하자. 일을 하면 급여나 보수를 받을 수 있다. 그로써 돈의 흐름이 생겨난다. 자신이 번 돈 중에서 10퍼센트를 모으는 것은 돈의 흐름에 댐을 만드는 일이다. 언젠가 큰돈이 모일 수 있는 출발점이다.

무능력한 사람은 쉽게 일을 그만두고 싶어 한다. 일을 그만두면 돈의 흐름이 멈추고, 흐름이 멈추면 머지않아 댐의 물도 말라붙고 말 것이다. 댐만 만든다고 해서 물이 고이지는 않는다. 마찬가지로 일이라는 돈의 흐름을 멈추면 언젠가 돈은 없어진다. 그러므로 건강하게 일할 수 있는 동안에는 일을 해야 돈도 모을 수 있을뿐더러 분명 즐거울 것이다.

그날 번 돈을
그날 다 써버리지 않나요

옛날에는 '그날 번 돈은 그날 써버리는' 것이 미덕이고 호탕한 사람이라고 여겨지기도 했지만, 오늘날 그런 습성은 그저 낭비일 뿐이다.(웃음) 돈의 유통이 발달하지 못했던 시대에는 분명 이치에 맞는 말이었을 것이다.

옛날에는 돈의 유통 규모가 작고 거래량도 적었기 때문에 누군가 돈을 모아두면 그만큼 다른 사람에게로 흘러 들어가지 못했다. 그래서 모두 돈을 모으지 않고 사용해야 돈이 이리저리로 유통되어 세상 전체의 경기까지 좋아졌다. 하지만 유통 규모도 구조도 크게 달라진 현대에 그날 번 돈은 그날 써버리자는 말을 꺼냈다가는 금전 감각을 의심받기에 십상이다.

요즘도 '저세상에 돈을 갖고 갈 수는 없다'는 말을 많이 한다. 물론 맞는 말이다. 하지만 그렇다고 저금도 하지 않고 들어온 돈을 전부 써버린다면 병에 걸리거나 그 밖에 돈이 필요할 때 곤란할 것이 뻔하다.

나 또한 "그렇게 돈을 많이 모아서 뭐 할 겁니까?" 하는 말을 많이 듣는데, 그런 건 쓸데없는 참견이다. 내가 죽으면 그 돈은 상속세 등으로 국가를 위해 사용될 것이다.

'죽으면 저세상에 돈은 갖고 갈 수 없다'는 염세적인 말을 해서는 안 된다. 돈을 많이 가진 채 죽으면 그 사람은 '부자인 채로' 죽을 수 있는 것이다. 그런데 '저세상에 갖고 갈 수도 없으니까'라는 식으로 생각한다면, 그렇지 않아도 노후에는 돈이 많이 들기 마련인데 돈 걱정을 하면서 죽어가게 되지 않겠는가. 한 푼도 없이 가난하게 최후를 맞이하는 것과 돈이 많은 부자로 죽는 것은 인생의 마지막이 완전히 다르다. 그날 번 돈은 그날 써버리는 것이 멋있다거나 죽으면 돈은 갖고 갈 수 없다는 고루한 가치관에 현혹되지 말고 **살아가는 동안은 제대로 돈을 벌고 모을 생각을 해라.** 그것이 결국 자신에게도 주변에도 좋은 일이다.

어떤 경우에도 돈이 없는 상황은 정당화할 수 없습니다

세상 사람들은 빈부의 차를 없애야 한다는 말을 많이 한다. 이 말을 들을 때마다 나는 궁금증이 인다. 그렇다면 학교에서는 왜 '성적이 좋은 아이가 성적이 나쁜 아이에게 점수를 나눠주면 된다'라고는 말하지 않을까. 부자인 사람은 부자가 되기 위해 노력했기 때문에 부자가 된 것이다. 그런데 마치 '부자가 악'이라도 되는 듯 말하는 것은 이상하지 않은가.

부유한 사람이 없으면 남을 도와주는 사람 또한 없어진다. 어려운 사람을 도와주려면 잘사는 사람이 한 사람이라도 더 늘어나야 한다. 돈 때문에 곤란해하는 사람을 한 사람이라도 더 줄여야 한다. 나는 이것이 중요하다고 생각한다.

아까 말했듯이 그날 번 돈은 그날 써버리는 것이 멋있다는 말도 그렇지만, 돈이 없는 상황을 정당화 시키는 버릇하면 절대로 부자가 될 수 없다. 돈이 있어도 몸이 건강하지 않으면 아무 소용없다고들 하는데, 돈이 있어야 더 건강하게 살 수 있다. 게다가 대개 돈이 많아서 곤란할 일은 없다.

'돈보다 우정이 중요하다'는 말도 있지만, 돈도 우정도 모두 중요하다. 돈도 우정도 소중히 여기면 되는 것이다.

이제는 돈과 무언가를 비교해서 돈이 없는 데에 대한 변명으로 삼는 습관에는 작별을 고하자. 신은 우리가 풍요롭게 살기를 원한다. 따라서 우리는 '돈이 있는 편이 좋게끔' 되어 있다.

돈은 결코 더러운 것이 아니다. 일부 더러운 방법으로 사용하는 사람이 있을 뿐이다. 돈은 신이 만들어준 최고의 지혜다.

욕심도 좋은 방향으로
살릴 수 있습니다

돈을 나쁘게 생각하면 안 되는 것과 마찬가지로 '욕심'도 인간에게는 아주 중요하다. 욕심이 있기에 인간은 부자가 되고 싶어 한다. 그 욕심 덕분에 사람은 일을 하고 그 결과 경제 발전도 이루어지는 것이다. 중요한 것은 욕심을 어떻게 다루어 좋은 방향으로 살리느냐다. 저축을 하지 못하는 사람이 있다면 그건 욕심을 제대로 다루지 못한다는 증거다. 그런 사람일수록 '수입이 늘어나면 저축도 늘어날 거야' 하고 말하지만, 저축은 돈을 모으려고 마음먹지 않는 한 절대로 불어나지 않는다. 수입이 늘어나면 욕망도 덩달아 커지기 때문이다.

한 달에 300만 원을 버는 사람이 월 30만 원씩 적자를 낸다고 하자. 그 사람은 수입이 600만 원으로 늘어나면 270만 원의 흑자를 낼까? 절대 그렇지 않다. 적자도 배가 되어 60만 원이 된다. 그 사람은 그런 체질이다.

신이 하고 싶어 하는 말은 '욕망을 억누를 수 있는 인내심을 가져라'이다. 욕망과 인내는 자동차의 가속 페달과 브레이크의 관계와 같다. 자동차는 가속페달이 없으면 달릴 수 없고 브레이크가 없으면 멈출 수 없다. 이와 마찬가지로 인간은 욕심이 있기에 노력도 한다. 다만 인간의 욕심에는 끝이 없어서 적절한 순간에 욕심을 제어하는 인내력이 없으면 사고로 이어진다.

욕심도 인내도 모두 신이 인간에게 바라는 근성이다. 그러니 부정할 게 아니라 인정하고 활용할 수 있는 방법을 생각하는 편이 좋다. 어쨌든 신은 모두가 풍요롭게 살기를 바라니까 말이다. 그렇기에 신은 인간에게 욕망을 불어넣어 주었다.

원숭이와 인간이 왜 다른가. 원숭이는 비가 오면 지붕을 만들고 바람을 피하기 위해 벽을 만들거나 햇빛이 들어오도록 창문을 만들 생각을 하지 못한다. 인간만이 끝없이 욕구를 이루기 위해 노력하는 존재다. 인간은 누구나 잘살고 싶어 한다. 모두 윤택하게 잘살 수 있으며 그렇게 되어야 한다. 신이 바라는 것은 인간이 모두 풍요롭고 행복하게 살아가는 일이다. 그렇기에 욕심이 있는 것이다.

돈은 창의성의
원동력입니다

돈은 자신을 소중히 여기는 사람에게 모인다. 돈은
자신을 진정으로 이해해주는 사람을 좋아하고 따른
다. 누구나 돈을 좋아하지만, 돈에 사랑을 받지 못하
면 안 된다. 돈에 사랑받기 위해서라도 더욱더 돈을
잘 알아야 한다. 내가 아무리 돈을 좋아해도 돈이 나
를 좋아하지 않으면 결코 내게 다가오지 않는다. 일방
적으로 돈을 좋아하는 사람과 돈에 사랑받는 사람은
다르다. 스토커도 본인은 사랑해서라고 하지만 상대가
싫어하지 않는가.(웃음) 비유가 부적절할지도 모르지

만, 돈을 단지 물건이나 가치와의 교환 수단이라고 생각하는 사람은, 여자를 섹스 상대로밖에 생각하지 않는 남자나 다름없다.

돈이란 사용하지 않으면 의미가 없다고 여기는 사람도 있다. 만약 그런 사람이 10억 원을 갖고 있으면서도 사용하지 않고 죽으면 의미가 없다고 생각할지도 모른다. 하지만 10억 원을 가진 사람은 부유한 채 죽는 것이다.

게다가 돈을 갖고 있으면 발상이 풍부해진다. 반대로 가난하면 아둔해진다는 말이 있듯 돈이 없으면 머리도 척척 돌아가지 않는다. 왜 머리가 돌아가지 않을까. 뇌는 한 번에 한 가지 일밖에 생각하지 못하기 때문이다. 슬픈 일에 빠져 있으면 즐거운 일이 생각나지 않으며 즐거운 일로 머리가 차 있을 때는 슬픈 일이 떠오르지 않는 법이다. 이와 마찬가지로 돈이 없어 힘들 때는 그 힘든 일밖에 생각나지 않아 풍부한 발상을 할 수가 없다. 1억 원을 갖고 있다 한들 한 달에 1,000만 원을 쓰는 사람에게는 10개월분밖에 되지 않는다. 1,000만 원을 가진 사람이 하루에 10만 원씩 쓴다면 100일분의 돈을 가진 셈이며 지금 일하고 있는 대가는 101일째분이 된다. 3,000만 원을 가진 사람이라면 301일째분이 되며 이 일수가 많으면 많을수록 풍부한 발상이 떠오를 것이다. 반면에 저축한 돈도 없이 하루 벌어 하루 먹고사는 사람은 오로지 그날 일만 생각하게 되므로 아무래도 발상이 빈약해질 수밖에 없다.

돈을 잘 다룰수록
여생이 아름다워집니다

돈을 잘 다루려면 다방면으로 지혜가 필요하며 그 지혜가 없으면 원하는 대로 잘 되어가질 않는다. 게다가 돈은 매우 중요하지만 그렇다고 해서 '돈, 돈' 하면서 무슨 일이든 돈만 밝힌다면 남들이 싫어할 것이고, 결국 실패한다. 인생에는 돈도 중요하지만, 우정이나 연애, 또는 자식이라든지 친구나 동료 등 중요한 것이 많다. 그런 소중한 관계나 감정에 둘러싸여 있기에 멋진 인생을 보낼 수 있는 것이다.

　인생을 자동차에 비유하면, 돈은 휘발유다. 자동

차를 달리게 하려면 휘발유가 필요하다. 그렇다고 해서 핸들은 필요 없다거나 타이어가 없어도 되는 것은 아니다. 자동차를 달리고 있으면 휘발유가 점점 줄어든다. 이와 마찬가지로 우리는 매일 몸에 영양을 공급하기 위해 음식물을 섭취해야 한다. 그런데 우리는 신이 정한 섭리대로 점차 나이가 들어간다. 젊을 때는, 여성이라면 피부에 윤기가 흘러 꾸미지 않고 내버려 둬도 예쁘다. 그러나 나이가 들수록 하나둘 주름살이 생기고 기미도 늘어나서 깨끗한 피부를 유지하려면 돈이 들기 마련이다. 남성도 별반 다르지 않다. 젊을 때는 다소 무리를 해서라도 일했지만, 나이가 늘어갈수록 점점 그렇게는 할 수가 없다. 더구나 나이 들면 여기저기 아픈 곳이 많아지고 병이 생겨서 치료하는 데 드는 돈이 많아진다. 돈이 인생의 전부는 아니지만 돈이 있으면 인생의 여정을 더욱 안심하고 풍요롭게 보낼 수 있다.

돈을 받아들일 준비가 됐는지
꼭 점검하세요

왠지 돈이 잘 들어오지 않는다거나 돈과 인연이 없는 사람이 있다. 그런 사람의 특징은 '돈을 받아들일 준비가 되어 있지 않은' 경우가 많다. 이 말을 들으면 "말도 안 돼요! 제가 돈을 얼마나 좋아하는데요. 게다가 언제든 돈을 받아들일 준비가 되어 있는걸요" 하고 말하는 사람이 많겠지만, 그런 사람일수록 돈에 대한 여러 가지 편견을 갖고 있다. 앞서 언급한 것처럼 돈은 한정되어 있어서 서로 빼앗지 않으면 손에 넣을 수 없다는 사고도 그렇고, 탐관오리에게 뇌물을 바치는 시대극 속의 부자 상인을 연상하듯 부자는 뭔가 나쁜 짓을 해서 돈을 번 게 틀림없다는 선입견을 갖기도 한다. 더욱이 편하게 돈을 번 사람을 비열하다고 비방하거나 시기하는 것도 좋지 않다. 이를테면, 부모에게 집이나 차를 받거나 유산을 상속받아 부자가 된 사람을 부러워하고 질투하는 것은 '고생하지 않고 물건이나 돈을 받는 건 나쁜 짓'이라고 하늘을 향해 외치는 것처럼 헛된 일이다. 그런다고 해서 자신에게 '고생하지 않고 돈이 들어오는' 행운이 일어나는 것도 아닐뿐더러 오히려 돈에 대한 편견이 생겨 돈을 받아들이지 못하게 된다. 그렇다면 어떻게 해야 돈에 대한 편견을 떨쳐내고 자신도 돈을 받아들일 준비를 할 수 있을까? 이렇게 말하면 된다. "잘됐네!"

승진하거나 뜻밖의 수입이 생긴 지인에게 잘된 일이라고 진심으로 말해주면 자신에게도 같은 행운이 찾아온다. 타인의 행운을 마음으로 축하해주고 더 나아가 그 사람의 행복을 빌어주면 '저도 똑같은 행운을 받아들일 준비가 되어 있어요!' 하고 하늘을 향해 말하는 것과 같다. 남의 행운을 부러워하거나 시기하면 자신의 마음이 가난해진다. 그러면 가난한 파동이 나와서 궁핍해지는 일을 끌어들일 것이다. 반대로 타인의 행운을 빌면 자신의 마음은 풍요로워진다. 풍요로운 마음은 부유한 파동을 내보내 똑같이 부유한 일을 끌어당긴다.

그러므로 돈을 받아들이려면 돈에 대한 편견을 몰아내고 타인의 행복을 빌어라. 부유해지기 위해서는 우선 자신의 마음을 풍요롭게 하는 것이 중요하다.

제3장

눈앞에 닥친 문제가 주는
좋은 신호들

사람은 평소와 다른 경험에서 배운다

그러므로 반드시 예상 밖의 일이 일어난다

어떤 일이 일어날지는 모른다

하지만 사람은 이때 가장 많이 배운다

세상사는 일상과 다른 일이 일어나게 되어 있다

그날만 일어나는 것이 아니라
필요해서 일어난 겁니다

나는 난처한 일은 일어나지 않을 거라는 말을 자주 한
다. 난처한 일은 결코 신이 당신을 골탕 먹이기 위해
일으키는 것이 아니라 문제를 해결하는 과정에서 당신
을 성장시키려고 일으키는 것이기 때문이다. 만약 돈
을 갖고 있을 때 불안해진다면 그 사람은 불안을 해소
하는 수업에 들어간 것이라 여기면 된다.

"돈을 갖고 있으면 누군가가 빼앗으려고 하지 않을
까 불안해요" 하고 말하는 사람도 있지만, 우리 환경은
생각보다 치안이 잘 되어 있고 강도 사건이 빈번하게

일어나지 않는다. 그리고 만일 누군가 달려든다고 해도 사람은 자기 수명이 다하기 전에는 죽지 않는다.

문제는 고민하기 위해 있는 것이 아니라 해결하기 위해서 있다. 돈이 없어서 힘든 사람은 '돈을 갖는' 방법을 터득하는 것이 중요하다. 그리고 돈을 갖고 있어서 불안하다면 이번에는 '돈을 갖고 있어도 불안해지지 않는' 상황이 찾아온다. 이 세상의 모든 부자가 불안해하지는 않을뿐더러 세상에는 돈이 없어서 불안한 사람이 훨씬 많다.

자녀들이 유산 분쟁을 하지 않을까 불안하다면 미리 유언장을 쓴다거나 생전에 증여하는 방법도 있다. 여하튼 어떤 문제가 일어나도 해결책은 있는 법이다. 가령 당신이 만 명에 한 명꼴로 발생하는 질병에 걸렸다고 하자. 언뜻 생각하면 큰일이지만 만 명에 한 명이라는 것은 일본 인구가 1억 명 이상이므로 약 만 명 이상이 그 질병에 걸렸다는 이야기가 된다. 그렇다면 그 만 명 중에는 반드시 증상이 호전되거나, 경우에 따라서는 완치된 사람이 있을 것이다.

지금은 인터넷이 발달해 있어서 관련 정보를 손쉽게 찾아볼 수 있다. 증상이 호전되거나 완치된 사람을 찾아 어떤 방법으로 낫게 되었는지를 조사하고 방법을 알아내 실천하면 된다. 만약 의사가 '만 명에 한 명꼴로 걸리는 병이므로 고칠 수 없다'고 말한다 해도, 단지 그 의사가 고칠 수 없는 것뿐이지 반드시 고칠 수 있는 길이 있기 마련이다. 어떻게든 그 병에 관해 잘 아는 사람을 찾아 물어보는 것이 중요하다. 부자가 되고 싶다면 부자가 된 사람에게 이야기를 들어야 하는 것과 마찬가지로 병을 고치고 싶다면 그 병을 이겨낸 사람의 이야기를 들어야 한다.

문제는 항상 일어나며, 당신에게 필요하기 때문에 일어난다고 생각하자. 한 걸음 내딛기 위해서는 필요하기에 일어나는 것이다.

가치관이 바뀌고
신의 섭리를 깨닫는 순간

장사를 하면 돈을 빌리는 것은 당연하다는 사고를 가진 사람이 있다. 분명 돈을 빌리는 편이 이득인 시기가 있다. 금리보다 물가 상승률이 높을 때는 돈을 빌려 토지를 샀다가 되팔면 토지의 시세 차익이 발생해 금리와 수수료를 제하고도 이익이 남는다. 하지만 그런 시대에도 돈을 버는 사람이 있는가 하면 돈을 벌지 못하는 사람도 있었다. 그리고 신은 항상 인간에게 지혜와 인내를 가르치려고 하기 때문에 같은 일로 계속 돈을 벌 수 없게 한다. 우리는 '무상無常'에서 배우도록 되어 있다. 즉, '평소平素'와 다른 일에서 배우게 되어 있다. 옛날에는 돈보다 토지를 갖고 있는 편이 가치가 있었다. 그런데 지금은 돈이 더 가치 있다. 거품 경제 시기에 10억 원 하던 토지를 지금은 5억 원에 살 수 있기 때문이다. 이럴 때는 부채를 빨리 갚는 것이 유리하고 될 수 있으면 돈을 빌리지 않는 편이 좋다.

시대는 항상 변화한다. 이 변화는 신이 주는 시련이다. 따라서 '이제 곧 신이 설정해놓은 시련이 찾아올 거야' 하고 생각하면 별로 대수롭지 않게 겪어낼 수 있다.

가치관이 바뀌는 시기는 반드시 온다.

'은행에서 돈을 빌려 사업을 하는 것이 당연하고 부채는 재산이다' 또는 '대출을 받을 수 있다는 건 그만큼 신용이 있기 때문'이라고 말하는 사람이 있는데, 은행은 그 사람을 진짜 의미로 신용하는 것이 아니다. 은행에서 볼 때 좋은 고객이라고 생각하는 것뿐이다.

내가 처음 사회에 나왔을 때는 사람들이 대부분 돈이 없었다. 하지만 지금은 풍요로운 부를 얻었다. 어떻게 이런 일이 생긴 걸까?

우선, 노력은 필요하다. 하지만 노력과 더불어 돈의 성질을 알고 신의 섭리와 신이 무엇을 원하는지도 알아두어야 한다.

변수를 인정하면
대책이 생깁니다

세상에서 일어나는 일이란 늘 예측할 수가 없다. 자녀가 있는 부모라면 자녀보다 나이가 훨씬 많은 자신이 먼저 세상을 뜰 거라고 생각하지만 실제로는 자식을 먼저 떠나보내는 경우도 있다. 항상 일정하지가 않기 때문이다. 예상치 못하게 일어난 일에서 사람은 무언가를 배운다. 거품 경제 시절에는 땅만 갖고 있으면 반드시 값이 오르니 아무 걱정 없다고 자신했지만 거품 경제가 붕괴하자 토지 가격이 절대적이지 않다는 사실을 알게 되었다.

사람은 평소와 다른 경험에서 배운다. 그러므로 생각지 못했던 일이 반드시 일어난다. 어떤 일이 일어날지는 모른다. 하지만 그 사람이 중요한 것을 배울 수 있는 '특별한 일'이 일어나도록 장치된 것이다. 인간은 평소와 다른 특별한 일을 통해 배우게 되어 있다는 사실을 알고 있으면, 그런 일이 일어났을 때 동요하지 않을뿐더러 차분히 대책도 세울 수 있다.

곰곰이 생각해보면 알 수 있듯이 아이가 꼭 부모보다 오래 살 거라는 보장은 없다. 그러므로 매시간 시간 아이를 소중하게 대해야 하는 것이다. 배움에 깊이를 더해가면 '나와 아이들은 소울메이트이니까 또 만날 수 있어' 하고 생각할 수 있어 마음이 가벼워진다.

평소에 일어나는 일들은 당연하므로 별달리 배울 점이 없다. 그보다는 일상과 다른 일에서 배울 점이 많고 깊이가 있기 마련이다. 이때 배울 점이란 역시 지

혜와 인내다. 단지 철봉 거꾸로 오르기를 하나 익히는
데도 지혜가 필요하며 연습을 계속하려면 인내도 필
요하다. 그런 이치다.

영원하지 않다는 것을 알면
변화의 징조가 보입니다

가치나 가치관이 바뀌는 시기는 반드시 찾아온다. 그 징조를 읽어내려면 '언제나 똑같을 리는 없다'고 생각하는 것이 중요하다. 영원하지 않다고 생각하면 여러 가지가 보인다. 인간이란 지금 이대로 계속되었으면 좋겠다고 소망하지만 신은 인간이 성장하기를 바라기 때문에 일상과 다른, 예기치 못한 일을 부여한다.

사람들은 대부분 토짓값은 절대 내려가지 않을 거라고 믿었다. 하지만 땅값이 떨어지는 시대가 오지 않았던가. 영원히 계속 오르기만 한다면 결국에는 아무도 살 수 없게 될 테니까 어찌 보면 당연한 일이기도 하다. 그러므로 결국에는 적정한 가격 선에서 가격이 자리를 잡게 된다.

불교에서의 가르침도 옛날에는 소승불교(小乘佛敎. 한 사람 한 사람 개인의 해탈을 강조하는 불교 유파. '소승'은 작은 수레를 뜻한다−옮긴이)가 주류여서 일부 소수만이 배웠지만 대승불교(大乘佛敎. '대승'은 큰 수레를 뜻하는 범어로 천태종, 화엄종, 선종 등 대승의 교리를 기본 이념으로 하는 불교의 종파−옮긴이)가 등장하고 나서는 누구나 가르침을 배우게 되었다.

게다가 과거에는 '여성은 부정한 존재이며 남성만이 성불할 수 있다'고 하던 시대가 있었을 정도다. 하지만 우리는 모두 어머니에게서 태어난다. 남자밖에 성불할 수 없다면 천국에도 온통 남자뿐일 것이다. 나는 그런 곳에 가고 싶지도 않을뿐더러 그런 곳이 천국일 리가 없다.(웃음)

상식도 바뀐다. 예전에는 결혼 전에 남녀가 동거하는 일이 무척이나 부도덕한 일로 여겨졌지만, 오늘날은 당연한 일로 인식되고 결혼 전에 시험해보는 기간이라는 의미에서 오히려 권장하는 사람도 많다. 이혼 또한 부끄러운 일로 여기던 시대가 있었지만, 오늘날 미국인은 두 명에 한 명, 일본인은 세 명에 한 명꼴로 이혼하는 시대가 되었다. 사이가 좋다면야 함께 사는 게 좋겠지만, 사이가 나쁜데도 굳이 계속 함께 살아야 한다는 사고가 잘못된 것임을 아는 시대가 온 것이다.

느긋한 마음이
나를 살립니다

앞으로는 '마음의 시대'다. 마음의 시대란, 마음이 행복해지는 시대를 뜻한다. 그만큼 반대로 마음이 불행한 사람도 나오는 시대다.

옛날에는 먹고사는 것만으로도 벅차던 시절이 있었다. 당연히 가장 큰 고민은 '어떻게 해야 배를 곯지 않을까'였다. 음식이나 물질의 문제였던 것이다. 그러던 것이 시대가 바뀌어 이제 '먹고사는 걱정은 하지 않는 시대'가 도래했다. 먹는 게 중요한 문제였던 시대, 즉 환경이 열악하던 때가 오히려 자살자는 적었다. 사람은 생존 환경이 힘들어서 죽는 것이 아니다.

옛날에는 욕심을 버리라고 말했지만, 오늘날은 욕심 있는 사람이 잘살아가겠다는 의지와 의식이 강해 죽지 않는다. 한마디로 '욕심을 버려라'라는 말은 빈곤했던 시절의 가르침이다. 과거에는 누구나 실제로 눈앞에 닥친 문제를 두고 고민했다. 반면에 지금은 상상이 만들어낸 일로 고민한다. 더구나 상상이 만들어낸 걱정이나 고민의 대부분은 실제로 일어나지 않는 일이다. 그러므로 상상해서 불안해졌다면 그에 대비하라. 대비해도 아직 불안하다면 그 감정은 대비의 문제가 아니라 마음의 문제인 것이다. 그럴 때는 마음을 느긋하게 하고 마음속에서 불안을 쫓아내라.

나에게 닥친 문제를
상대의 희생으로 해결하지 마세요

우리는 다양한 일을 통해 배움을 얻는다. 그 가운데서도 가장 중요한 것은 돈과 인간관계에서 얻는 배움이다. 인간관계는 부모 자식, 부부, 회사의 상사나 부하, 동료 등 다양하지만 더불어 자신과의 관계도 포함된다. 신은 '자기희생'을 싫어한다. '나는 괜찮으니까 너만 행복하면 돼'가 아니라 우선은 자신이 행복해지고 그 행복을 가능한 범위에서 주변에 나누어주면 된다. 그것이 신이 바라는 일이다. 나만 좋으면 된다는 생각도 자신을 소중하게 여기지 않는 사고다. 자신만 좋으면 타인에게 폐를 끼쳐도 상관없다고 생각하는 사람이 있는데, 타인에게 폐를 끼치면 그 대가는 반드시 자신이 치르게 되어 있다. 그러므로 결국은 자신을 소중히 여기지 않는 것이나 다름없다.

또한 상대에게 험담을 듣거나 언짢은 일을 당했다고 해서 그 사람에게 똑같이 갚아주려고 해서는 안 된다. 누군가 당신의 험담을 하면 그만큼의 대가를 치르는 사람은 그 말을 한 당사자다. '응보'란 좋은 일을 하면 좋은 일로 보상받고 나쁜 일을 하면 나쁜 일로 갚음을 당하는 이치를 뜻한다. 복수하는 것은 신의 일이며 그 대가는 신이 확실하게 해줄 것이니 당신이 마음대로 그 사람에게 앙갚음해서는 안 된다.

본래 남의 험담을 하는 사람이 지는 것이다. 더군다나 험담을 계속한다면 완전한 패배나 다름없다. 그럴 때 당신까지 그 사람에게 말려들어 같이 상대의 험담을 해댄다면 당신의 운세마저 나빠진다. 우리가 할 수 있는 일은 상대를 침묵시키는 것이 아니다. 상대가 남의 험담을 하더라도 자신은 그렇게 하지 않는 것이 참된 진리다.

우리 인간은 완벽하지 않기 때문에 때론 잘못을 저지르기도 한다. 그때 성장할 수 있는 사람은 잘못을 사과할 줄 아는 사람이다. 사과하면 못나 보인다고 생각할지 모르지만 사과하지 않는 사람, 또는 사과할 줄 모르는 사람이야말로 진짜 지질한 사람이다. 사과할 줄 모르는 사람은 고집이 세다. 고집이 세다는 것은 그만큼 마음이 더럽혀져 있다는 뜻이다. 우리는 모두 그 더러움을 벗겨내기 위해 태어났다. 사람은 완벽하지 않다. 역사에 이름을 남긴 위인들도 완벽하지 않았다. 완벽하지 않아도 후세에 길이 남을 위업을 얼마든지 이룰 수 있었다.

제4장

성공에 대한 믿음

깊이 생각해

부자가 되고 싶다는 마음이 생겼다면 괜찮지만

부자가 되면 행복해질 거라든지

돈이 많으면 어떤 문제든 전부 해결할 수 있을 거라고,

돈만 있으면 뭐든지 된다고 생각한다면 실패할 것이다

신이 만든 최고의 걸작은
바로 '나'입니다

나는 이 책에서 "당신도 신을 믿으십시오"라고 말하지 않겠다고 했지만, 그래도 굳이 말하자면 신을 믿지 않는 것보다는 믿는 편이 성공도 하고 행복해진다. 신을 믿지 않으면 인생의 최고 책임자는 자기 자신이 된다. 그러면 '이런 일을 했다가는 벌을 받을 테니 하면 안 돼!' 하고 자신의 행동에 제동을 걸지 못하는 사람이 늘어난다. 남을 괴롭히거나 나쁜 짓을 하면 반드시 자신에게 돌아온다 생각해야 한다. 그런 생각조차 하지 않는 사람은 자신을 제어하지 못해 인생을 망치고 만다. 신은 실수하지 않는다. 따라서 우리는 신의 최고 걸작이라고 생각하라.

'나는 신이 만든 최고 걸작이며 가치 있는 인간'이므로 가치 있는 일을 할 수 있다. 자신에게 투자하는 것도 결국 자신이 가치 있는 인간이라고 생각하느냐 아니냐에 달렸다. 자신을 가치 없는 인간이라고 생각하면 가치 없는 일을 하게 된다.

인간은 모두 다르다. 같은 얼굴을 한 사람은 이 세상에 단 한 명도 없다. 쌍둥이도 잘 들여다보면 어딘가 조금씩 다르지 않은가. 마찬가지로 같은 운명을 지닌 사람은 한 명도 없다. 밀려왔다 밀려가는 파도조차 똑같은 파도는 없다. 신이 만든 창조물 중에 똑같은 것은 하나도 없다. 그러므로 신이 만든 인간은 얼굴도 성격도 제각각 다르지만 모두 가치 있는 인간이며 각자의 개성을 살려 성공할 수 있게 되어 있다.

학교라는 교육제도 내에서 잘해나가는 사람이 있

는가 하면 그렇지 않은 사람도 있기 마련이다. 공부를 못하면 낙오자라는 말도 당연히 있을 수 없다. 인간 한 사람 한 사람이 신의 최고 걸작이며 그 사실만으로도 성공할 수 있도록 만들어져 있다. 그러니 알지 못하는 것은 알지 못해도 괜찮다. 그리고 뭔가 문제가 일어났다면 그것은 배울 때가 온 것이라고 생각하면 된다. 이 이치만 알면 누구나 성공할 수 있고 누구나 부자가 될 수 있다. 다만 사람은 대부분 '이건 안 된다' 하고 쉽게 단정 짓는 습성이 있다. 우선 자신의 가치를 깨달아야 '가치 있는 일'을 할 수 있다.

믿는 마음에서
기회가 생깁니다

신은 불공평한 일을 하지 않는다. 따라서 누구에게나 부자가 될 기회는 있다. 그 절호의 찬스는 당신에게 지혜와 인내를 배울 기회로 나타난다. 즉, 신이 바라는 일을 하면 반드시 부자가 될 수 있다. 부자가 되고 싶다면 돈의 성질을 알고 있어야 한다. 물고기를 잡을 때도 그 물고기의 성질을 알아야 잡을 수 있듯이, 돈의 성질을 알아야 부자가 될 수 있다.

물고기의 성질을 알지 못하면 그물을 드리워놓고 아무리 기다린들 물고기는 잡히지 않는다. 풍향이

나 조수의 흐름을 보고 어디에 그물을 칠지를 판단하려면 반드시 물고기의 성질을 알아야한다. 고기잡이를 나갈 때마다 대어를 낚아 돌아오는 사람이 있다면, 그 사람은 단지 운이 좋아서만이 아니다. 틀림없이 어디에 그물을 쳐야 좋은지를 알고 있는 것이다. 그렇다면 신에게 기원할 필요는 있겠느냐고 반문할지 모르지만, 물고기의 성질이나 바닷물의 흐름을 만든 것도 신이다. 신이 있느냐 없느냐를 논한다면, 없다고 여기는 사람에게는 없다. 나는 절대로 종교를 믿으라고 말하는 게 아니다.

사람들이 종교행사에 가서 돈을 내지만, 신은 돈을 요구하지 않는다. 종교 단체는 여러모로 유지해야 하므로 그 유지관리비 같은 개념으로 돈을 받는다. 그러므로 헌금으로 1만 원을 낸다고 해서 100원을 내는 것보다 100배의 이익을 얻는 일도 없다. 가끔 종교 의식을 치를 때 예를 올리는 방법을 두고 일일이 까다

롭게 따지는 사람이 있는데, 중요한 것은 어떻게 예를
올리느냐가 아니라 신이 있다고 믿는 마음이다.

마음의 문제와 돈의 문제는
해결 방법이 다릅니다

마음의 문제는 자신이 마음먹기에 따라 어떻게든 해결할 수 있다. 하지만 돈 문제만은 돈이 없으면 해결할 수 없다. 어떻게 생각하든 '없는 것은 없는 것'이다. 이 세상에는 마음의 문제와 돈의 문제, 이렇게 두 가지의 큰 문제가 있는데, 이에 관련해 내가 어릴 때 깨달은 것이 있다. 바로 마음의 문제는 '사고방식'으로 어떻게든 해결된다는 사실이다. 그런데 돈 문제는 '현실의 문제'다. 따라서 공무원이라고 부자가 될 수 없는 게 아니라, 누구든 받은 급여의 10퍼센트를 모아서 저축을 늘리는 방법을 궁리하면 된다. 그렇게 하면 누구나 부자가 될 수 있다. 이 세상에서 일어나는 문제에는 반드시 해결책이 있다. 가난하다면 그것은 '가난하다'는 문제다. 따라서 해결할 방법은 반드시 있다.

　신은 해결할 수 없는 문제는 내지 않는다. 해결할 수 없는 문제를 낸다면 그것은 단지 '괴롭힘'이다.(웃음) 신은 우리를 고통스럽게 하려는 것이 아니다. 관점을 바꾸면 반드시 해결할 방법을 찾을 수 있다.

돈을 쓰듯
지혜를 써 보세요

인간은 혼자 있으면 쓸쓸해진다. 하지만 욕심이 생기면 불쑥 기운이 솟는 존재다. '욕심을 버리고 무無로 돌아가라'고들 하지만 인간은 죽어도 무無가 되지 않는다. 사람들이 인생은 덧없다고 하는 것도 지혜가 없기 때문이다. 인생을 즐겁게 살아가는 지혜가 없으면 허무해질 수밖에 없다. 인간은 죽어 저세상에 가더라도 무無가 되지는 않기 때문에 살아 있는 동안에 일어난 문제에 대해서 허무하다는 등 부정적인 말을 하지 않고 해결해야 한다. 문제는 고민하기 위해서 생기는 것이 아니라 해결하기 위해서 생기는 것이니 일어난 일을 하나씩 해결해가면 된다. 대체로 그 사람이 감당해낼 수 있는 문제가 일어난다. 또한 어떤 문제도 당신에게만 일어나지 않는다.

스스로 생각해내는 것도 지혜다. 타인에게 조언을 듣는 것도, 책을 읽는 것도 지혜다.

요컨대 어떤 지혜를 써도 좋으니 극복해내면 되는 것이다. 극복하고 나면 정신력이 단련되므로 문제를 이겨내면 이겨낼수록 행복해지게 되어 있다. 문제를 해결하는 것은 마치 게임 같아서 무척 재미있다. 우리는 신이 마련해준 '인생이라는 이름의 게임' 속에서 살아가고 있다. 게임을 잘 해내려면 지혜를 쓰는 습관을 들여야 한다. 지혜가 없는 사람은 없다. 지혜를 짜내면 또 점점 새로운 지혜가 생겨난다. 그러므로 결코 지혜를 발휘해 쓰기를 아까워하지 마라.

생각한 대로
살아갈 수 있습니다

나는 확실히 그 누구보다 욕심이 많다. 부자가 되고 싶고 사람들에게 사랑받고 싶으며 하고 싶은 말도 마음껏 하고 싶고 자유도 원한다. '그런 건 불가능하다'고들 말하는 사람이 있을 텐데, 절대 그렇지 않다. 가능하다.

나는 회사를 크게 키우고 싶었지만 그다지 사람을 많이 쓰고 싶지는 않았다. 그래서 꼭 필요한 인력만 배치해서 회사를 운영하고 있다. 그리고 하고 싶은 말은 하면서 살고 싶다. 그렇다고 해서 사람들에게 미움받고 싶지는 않다. 그렇다면 내가 하고 싶은 말로 다른 사람이 듣고 싶은 이야기를 하면 된다. 사람들은 상대가 자신이 듣고 싶은 이야기를 하면 얼마든지 들어준다. 말하는 사람도 역시 남들이 듣고 싶어 하지 않는 이야기보다는 듣고 싶어 하는 이야기를 하는 편이 훨씬 즐겁다. 종종 주변 사람들이 자신의 이야기를 들어주지 않는다고 불평하는 사람이 있는데, 이는 상대가 듣고 싶은 이야기를 하지 않아서일 뿐이다.

대개 '경영자는 미움받는 존재'라고 인식하는 경향이 있지만 그것은 단순히 그 사람이 미움받을 행동을 하기 때문일 뿐이다. 이 세상에는 모두가 따르고 좋아하는 경영자도 있다. 직원과 관계된 사람들이 모두 좋아하기는 어렵겠지만 만약 대다수에게 미움을 받는다면 뭔가 잘못하고 있다는 증거다. 대체로 인간은 인간을 좋아한다. 그러므로 미움받는 사람에게는 미움받을 만한 이유가 있는 것이다.

망설여질 때는
돈이 되는 쪽을 선택하세요

선택하는 데 망설여질 때는 결국 '돈이 되는 쪽'이 옳다. 돈이 된다는 것은 그만큼 요청이 있다는 뜻이며 필요로 하는 사람이 많다는 증거다. 그만큼 사람을 위하는 일이기도 하다. 그러므로 어떤 일을 선택하는데 망설여질 때는 어느 쪽이 자신에게 돈이 되는가를 따져보면 된다. 돈이 되는지를 기준으로 삼으라고 하면 왠지 돈만 밝히는 듯이 생각될지도 모르지만, 전혀 그렇지 않다. 가령 당신에게 자원봉사 일과 돈을 받는 일이 동시에 들어왔다면 우선은 돈 받는 일을 선택하는 것이 좋다. 자원봉사 하는 게 나쁘다는 뜻이 아니다. 자원봉사도 사회에는 꼭 필요한 일이다. 하지만 잘 생각해보자. '돈을 받는 일'이란 누군가 돈을 지불하고라도 얻고자 하는 일이다. 그만큼 고용하는 회사나 사람은 난처해하고 있으며 수요도 있다는 의미다. 당신이 그 돈 되는 일을 선택하면 사용하는 측도 용역을 제공하는 측도 이익을 얻게 되고 그 상품이나 서비스로 인해 도움받는 사람이 생긴다. 그러면 또다시 새로운 소비가 일어나 경기도 좋아지니 결국 모두에게 도움 되는 일이 아닌가.

이것은 나 자신에게도 하는 말인데, 돈에 쪼들리지 않게 되면 '팔리지 않아도 상관없으니 좋은 책을 만들고 싶다'고 생각한다. 하지만 좋은 책은 역시 팔린다. 그러므로 팔리지 않아도 괜찮으니 좋은 책을 만들고 싶다고 말하는 것은 나의 이기심이기도 하고 강요일지도 모르며, 다른 모든 사람과 생각이 다를 수도 있다.

돈보다 중요한 것은 많다. 또한 돈으로 살 수 없는 것도 많다. 내가 하고 싶은 말은 우정보다 돈을 소중히 하라는 것이 아니다. 돈보다 우정을 소중히 해야 할 때도 물론 있으며 돈보다 사랑이 중요하다고 생각할 때는 사랑을 택하면 된다는 말이다. 하지만 선택에 망설여진다면 그때는 돈을 선택하는 것이 결국은 옳은 답인 경우가 많다는 걸 말하고 싶을 뿐이다.

옛날에는 음식도 서로 나눠 먹어야 할 정도로 가난하던 시절이 있어, 때로는 누군가가 참거나 희생할 필요도 있었다. 하지만 오늘날에는 음식물 폐기가 문제시될 정도로 물건과 음식이 차고 넘쳐난다. 누군가가 참고 희생하기보다는 얼마든지 함께 이익을 얻는 방법을 선택할 수 있는 시대다. 이 사실을 잘 생각해야 할 것이다. 다만 아무리 돈이 되는 선택이 좋은 방법이라고 해도 사회의 상식에서 벗어나거나 법률에 저촉되는 일은 절대로 해서는 안 된다.

종잇조각과
친해지는 법

돈에는 '의지'가 있다. 일회용 면도날도 소중히 사용하면서 "면도가 아주 잘되는걸. 훌륭해!" 하고 칭찬해주면 몇 배나 더 오래 사용할 수 있다. 이와 마찬가지로 언제나 돈에 감사하는 마음을 품으면 돈은 당신을 위해 더 열심히 일해준다. 하지만 '돈이야 뭐 그저 종잇조각이고 숫자일 뿐인데 의지 같은 게 있을 리 없잖아!' 하고 생각하는 사람에게는 역시 '단지 종잇조각'이나 '숫자'에 지나지 않는다.

《바빌론 부자들의 돈 버는 지혜》(조지 S. 클래이슨

지음)라는 책이 있다. 내용 좋아서 사람들에게 이 책을 읽으라고 권하고 있다. 다만 이 책에서는 '돈을 자신의 노예처럼 부려라'라고 쓰여 있어서 의아하긴 했지만 그래도 실제로 이 책에 쓰인 대로 실천한 많은 사람이 대부호가 되었다. 하지만 '돈은 노예'라고 말하기보다는 '돈은 소중한 친구'라고 말하는 편이 절대적으로 좋다. 실제로 돈은 당신을 위해 일해 준다. 나는 '돈'이 신의 번뜩이는 아이디어에서 비롯된 최고의 결과라고 생각한다.

신도 마찬가지다. 신이 없다고 생각하는 사람에게 신은 없다. 하지만 나처럼 신의 존재를 믿는 사람에게는 정말 신이 있다고밖에 생각할 수 없는 일들이 일어난다. 이는 누가 맞고 누가 틀리다고 다툴 문제가 아니다. 그보다는 어느 쪽 사고가 행복하고 어느 쪽 생각이 즐거운지의 문제가 아닐까. 그러므로 신은 없다고 생각하는 사람을 애써 설득할 마음은 전혀 없다.

내세가 있느냐 없느냐도 마찬가지다. 내세가 있다고 생각하는 사람도, 없다고 생각하는 사람도 모두 언젠가는 죽는다. 그렇다면 절대로 내세가 있다고 생각하는 편이 행복하다. 나의 사고관이랄까, 내가 여러분에게 전하고 싶은 말은 우선 지금 생에서 행복해지고 돈에도 쪼들리지 않으며 내세에서도 행복하게 살 수 있는 방법이다.

옹색하고 여유 없는 사람은
되기 싫다면

돈에는 두 가지 측면이 있다. 하나는 '숫자'로서의 측면이다. 100만 원을 벌어서 80만 원을 쓰면 20만 원이 남는다. 그리고 200만 원을 벌어서 80만 원을 쓰면 120만 원이 남는다. 하지만 200만 원을 벌어서 200만 원을 다 쓰는 사람도 있고 개중에는 220만 원을 쓰는 사람도 있다. 그러므로 부자가 되고 싶다면 수입 금액을 늘리는 것과 지출 금액을 줄이는 것이 모두 중요하다는 사실을 알 수 있다.

다른 한 가지는 '에너지'로서의 측면이다. 돈에는

힘이 있기 때문에 그 힘을 어떻게 사용하느냐가 매우 중요하다. 돈을 거만하게 사용하느냐 감사하게 사용하느냐, 또는 더럽게 사용하느냐 깨끗하게 사용하느냐에 따라 같은 100만 원을 쓰더라도 결과가 크게 달라진다. 결국 사람은 돈을 쓰지 않고는 살아갈 수 없다. 그래서 빵을 한 개 사더라도 "이 가게 빵은 참 맛있어요"라든가 "고맙습니다" 하고 감사하게 여기며 기분 좋게 사는 것과 "나는 손님이니까 서비스 좀 하지?" 하고 거만한 태도로 사는 것은 완전히 다르다.

또한 즐겁게 일해 손에 넣은 돈과 괴로움을 참아가며 받은 돈도 분명 다르다. 같은 200만 원이라도 즐겁게 일한 결과로 손에 넣은 수입과 고생의 결정으로 생긴 돈이 다르다는 것은 누구나 잘 알 것이다. 그러므로 기왕 돈을 버는 거라면 괴로워하며 벌기보다는 즐기면서 버는 편이 훨씬 좋다. 그리고 10퍼센트 정도는 자신을 위해서 사용하라. 저축하는 것도 중요하다.

돈을 모으는 일이 쩨쩨하다거나 마치 나쁜 일인 양 말하는 사람도 있지만, 돈을 모으지 않는 사람이야말로 결국 구두쇠로 살아가야 하는 결과를 맞이하게 된다.

역시 금전적인 여유가 없으면 아무래도 마음 씀씀이마저 옹색해지기 마련이고, 마음이 까칠해진 탓에 남들과도 자주 부딪치게 된다. 단 한 번뿐인 인생을 남과 다투며 살아가기보다는 여유로운 마음으로 지내는 편이 당연히 좋다. 그러니까 역시 돈은 모아야 한다. 부유한데도 말버릇이 고약한 사람은 어지간히도 마음이 가난한 사람이다.

게으른 자는 바라는 것이 많고
노력하는 자는 감사할 게 많습니다

신에게 기원하는 사람과 신에게 감사하는 사람이 있다. 노력하는 사람은 신에게 감사한 마음을 갖는다. 그리고 게으른 사람은 자신이 원하는 것을 신에게 청하기만 한다. 신에게 원하는 일이 이루어지기를 비는 것 자체는 결코 나쁜 일이 아니지만 노력도 하지 않고 '신이시여, 꼭 이루어주십시오' 하고 간청만 한다면 지혜와 인내를 기를 수가 없다. 본인을 위하는 일이 아니므로 신도 도와주지 않는다.

　어디까지나 지극히 개인적인 내 생각이지만, 일본

에서 남성보다 여성 사장이 적은 이유는 '결혼함으로써 부유한 신분을 얻을 수 있다'는 사고 때문일 것이다. 그래서 노력을 게을리하는 것이다. 사실은 남자나 여자나 능력은 같다. 오히려 여성이 마음만 먹으면 남성이 당해내지 못할 정도로 실력을 발휘한다. 하지만 '남자가 장가를 잘 가 팔자를 고치는 일'은 적기 때문에 남자는 스스로 돈을 벌 수밖에 없다.

노력하면 반드시 지혜가 솟아난다. 그 지혜는 절대로 배신하지 않는다. 지혜는 짜내면 짜낼수록 샘솟게 되어 있다. 일이 재미있는 이유도, 노력하면 얼마든지 지혜가 솟아나 자신에게 도움이 될 뿐만 아니라 주변 사람들에게도 도움을 주기 때문이다.

세계 최고의 부자들도 제대로 일하고 있다. 돈이 많아서 하고 싶은 일은 뭐든지 할 수 있는데도, 가장 하고 싶은 것은 역시 '일'인 것이다. 사실은 일이 가장 즐겁다. 따라서 만약 복권에 당첨되면 일을 하지 않고 살겠다는 사람은 일의 본질을 깨닫지 못하는 사람이다.

때때로 "어떻게 하면 복권에 당첨될까요?" 하고 내게 묻는 사람이 있는데, 나는 복권에 당첨된 적도 없고 더군다나 복권을 산 적도 없다. 복권 고액 당첨자를 추적해 취재해보면 그들 중에는 불행해진 사람이 꽤 많다는 이야기를 자주 듣는데, 이해가 간다.

돈이란 버는 것도 중요하지만 사용하고 유지하는 방법을 모르면 오히려 불행해진다. 사실은 돈을 버는 방법이나 저축하는 방법, 그 금액에 알맞은 사용법과 유지하는 법을 찬찬히 익혀야 하는데 갑자기 고액의 돈이 손에 들어오면 그렇게 하기가 어려워진다. 비유하자면, 캐치볼밖에 할 줄 모르는 사람이 갑자기 프로야구 선수로 뽑힌 격이다. 겉으로는 화려해 보일지 모르지만 그 역할이 주는 무게에 자칫 짓눌리고 말 것이다.

보통 3억 원의 자산을 보유한 부자가 된 데는 그렇게 될 만한 과정이 있기 마련이다. 건물로 말하자면, 30층짜리 빌딩을 짓기 위해서는 충분히 기초공사를 하고 그 기반 위에 건물을 올리는 것이 정석이다. 그런데 차근차근한 과정이 없이 갑자기 부자가 된다는 것은 단번에 30층 높이까지 올라갔다가 손을 놓치는 상황이나 다름없다. 떨어질 수밖에 없는 것이다. 그러므로 큰 낭패를 보게 된다.

◆◦❈◦◆

인생을 뜻대로
살고 있지 않다는 증거

돈을 가질 수 있다는 건 결국 '기량'의 문제다. 만약 당신의 기량이 '작은 술잔'이라면 아무리 멋진 폭포에 가서 물을 담아온다 해도 작은 술잔으로 한 잔밖에 담지 못한다. 여기서 말하는 기량도 역시 지혜와 인내다. 가령 맛도 모르면서 한 병에 500만 원짜리 와인을 마시며 기분을 내는 것은 지혜가 아니다. 아니면 또 '가격표를 보지 않고 물건을 살 수 있을 만큼 부자가 되고 싶다'고 말하는 사람이 있다. 가격표를 보지 않고 물건을 산다면 그 상품의 가치도 확인하지 않고 산다는 말이나 다름없다. 그게 정말 지혜 있는 사람이 할 행동일까? 의심할 수밖에 없다. 결국 기량이 있다는 건 그런 의미다.

알지 못하는 것을 '모른다'고 말할 수 있는 것도 기량이다.

"나는 3만 원짜리 와인이나 300만 원짜리 와인이나 맛을 잘 모르니까 3만 원짜리도 괜찮아" 하고 당당히 말할 수 있는 태도가 기량이며, 그것이 곧 돈을 소중히 하는 마음이고 진정한 부자가 취할 행동이다. 많은 사람이 맛보다는 그저 300만 원짜리 와인을 마시는 일 자체를 동경한다거나 가격표에 신경 쓰지 않고 물건을 사는 행동을 멋지다고 생각하지만 실제로는 그렇지 않다. 진정한 돈의 가치를 아는 사람은 그런 행동을 하지 않을뿐더러 하고 싶어 하지도 않는다. 정말로 기량이 있는 사람이란 고급 레스토랑에서 먹는 스테이크나 동네 백반집에서 먹는 달걀 프라이나 똑같이 맛있게 먹을 수 있는 사람일 것이다. 지금까지 동네 백반집에서 밥을 먹었으면서, 돈이 있다고 해서 이제는 고급 레스토랑밖에 가지 않는다는 자체가 기량이 작은 것이다.

또한 주변 사람들의 의견에 따라 오락가락 움직이는 것도 기량이 작다는 증거다. 돈이 있다고 으스대는 사람은 결국 돈에 진 것이다. 기량이 작다는 것을 스스로 드러내는 꼴이나 다름없다. 돈에 놀아나면 안 된다. 주역은 자기 자신이다. 돈에 휘둘리는 사람의 인생은 돈이 주역이 된 것이다. 돈에는 힘이 있다. 그러므로 그 힘에 휘둘리면 결국 인생도 엉망이 된다.

부자가 되면 세금이 적은 나라로 자산을 옮기거나 이주하는 사람을 자주 본다. 때때로 "히토리 씨는 그렇게 안 하세요?" 하는 질문을 받곤 하는데, 나는 내 나라가 정말 좋다. 내 나라에서 열심히 일하고 국가를 위해 세금도 많이 내면 좋은 일이 아닌가. 이렇게 생각하면서 열심히 일하고 있다. 국가도 내 편이 되어주니 장사도 잘되는 거라고 믿는다.

내가 정말로 원하는 것은
부자가 되는 것일까요

부자가 되고 싶은 사람은 '내가 정말로 하고 싶은 일이 무얼까?' 하고 진지하게 생각해보라. 그리고 그 일이 정말로 돈이 없으면 할 수 없는 일인지를 생각해보길 바란다. 돈이 있으면 갖가지 물건을 살 수 있는 건 분명하지만 우리는 명품 핸드백이나 고급 시계를 사기 위해 태어난 게 아니며 고급 차를 타고 다니거나 좋은 집에 사는 것만이 인생의 성공은 아니다.

나는 호화롭게 살고 싶어서 부자가 되고 싶다고 생각한 적은 한 번도 없다. 그저 일이 좋아서, 사람이 좋아서 내가 알고 있는 것과 할 수 있는 일을 아낌없이 해온 결과가 '지금'인 것이다. 신중하게 생각한 결과 부자가 되고 싶다고 생각했다면 괜찮지만 부자가 되면 무조건 행복해질 거라고 여긴다거나, 부자가 되면 어떤 문제든지 전부 해결된다, 혹은 돈만 있으면 뭐든 할 수 있다고 생각한다면 분명 실패할 것이다.

부자가 되어서 고급 차를 몰고 다니고 고급 아파트 최고층에 살면서 매일 밤 고급 요리를 곁들여 비싼 술을 마시면서도 마음이 헛헛하다거나 허무하다고 한탄하는 사람을 자주 본다. 그런 사람은 결국 자신이 돈을 쓰니까 사람들이 따를 뿐 그들이 결코 자신을 좋아하지 않는다는 사실을 알기 때문이다. 퇴근 후 마음 맞는 동료들과 닭꼬치 구이를 안주 삼아 술 한잔 함께하는 시간이야말로 더없이 즐겁지 않은가. 허무하다고 느끼는 것은 어딘가 거짓이 있거나 마음이 채워지지 않았다는 의미다. 고급 술집에 가서 아무리 깍듯하게 대접받고 놀다 온들 집에 돌아오는 길이 한없이 공허한 것도 '자신이 손님이니까' 인기 있었던 것뿐이라는 걸 누구보다 잘 알기 때문이다.

호사를 누리거나 사치를 부리는 행복이란 반드시 돈을 많이 써야 얻을 수 있는 것은 아니다. 이 책을 출간하기 위해 출판사 편집자들과 사전 회의를 하면서 겸사겸사 도쿄 근교로 드라이브를 한 적이 있다. 그곳에서 네 명이 사용한 돈은 20만 원 정도였지만 모두 "무척 호사스러운 시간을 보냈어요" 하며 기뻐했다. 결국 호강이나 사치라는 건 마음이 결정하는 것이며, 돈을 얼마나 썼느냐가 아니라 좋은 사람과 함께하는 시간이라서 더욱 가치 있는 것이다.

의리와 인정이
깊어지는 세계

나는 항상 내 의견이 맞는다고 믿고 있다. 하지만 나와 다른 의견을 말하는 사람이 틀렸다고도 생각하지 않는다. 자신의 의견이 절대적이 아니라는 사실을 잊어서는 안 된다. 절대라는 것은 신의 영역이다. 자신의 의견이 절대적이라고 생각하면 자만하게 되어 중요한 것을 보지 못하고 주위에서 사람들이 멀어져간다. 따라서 '더 좋은 의견이 있다. 지금은 생각이 떠오르지 않을 뿐 최고는 또 있을 것이다'라고 생각하는 것이 중요하다.

사람은 다양한 일에서 보고 배울 수 있다. 어디까지나 예를 들어 하는 이야기지만 '불량한 사람'은 있다. 이 세상에 불량해지라고 가르치는 교사나 부모는 없다. '불량스러워질 여지가 보이는 사람'은 부모가 하는 말도 듣지 않고 교사의 말도 귀담아듣지 않는 사람이다. 하지만 그런 사람이라도 자신이 속한 조직의 우두머리가 하는 말은 잘 듣는다. 그렇다면 사장도 직원에게 "자네는 급여를 받고 있으니 열심히 일하는 것이 당연하네. 나는 나대로 밖에서 열심히 일하고 있으니까 '보람'이니 어쩌니 불평하기 전에 확실히 일하게나!" 하고 말하면 되는 것이다. 직원들의 장점을 찾아내 칭찬하고 인정해주면 그들은 기뻐서 더 열심히 일해준다.

내가 매일 마음 편히 드라이브할 수 있는 것은 우리 회사 사람들이 열심히 일해서 회사를 지켜주고 있는 덕분이다. 그리고 아무도 "사장만 드라이브 하러 가다니 치사해!" 하고 불평하지 않는다. 우리는 '의리와 인정'을 소중히 여기고 있기 때문에 의리와 인정을 소중히 여기는 사람들이 모여 함께 해왔다. 나는 무슨 일이 있어도 직원들을 지킬 것이다. 따라서 지금도 회사는 신코이와(新小岩. 도쿄 23개 구 중 하나인 가쓰시카葛飾 구에 있는 지역으로 시내 중심가에서 북동쪽으로 상당히 떨어져 있다-옮긴이)에 있다. 회사가 성장하여 규모가 커졌다고 해서 시내 중심가인 오테마치나 롯폰기로 사옥을 신축해 옮긴다면 꽤 많은 사람이 다닐 수 없게 되기 때문이다.

나는 직원들을 배려해주고 직원들은 또 이런 나를 따라준다. 이것이 바로 의리와 인정의 세계다. 의리와 인정'이라고 하면 마치 어두운 조직 세계에나 나옴직한 단어라고 생각할지도 모르겠다. 하지만 이렇게 좋은 말을 그들만의 전매특허로 두는 것은 아깝지 않은가?

제5장

운이 좋다고 믿으면
더 좋아지는 운

부자가 되는 것도 마찬가지다

우선 '나는 운이 좋다'라고 생각하라!

그리고 '부자가 될 거야'라고 마음먹고

수입의 10퍼센트라도 모으면 운이 좋아진다

더구나 가속의 법칙까지 작용해

그 이상으로 돈이 모이기 때문이다

운을 끌어올리는 방법

얼마 전 텔레비전에서 '운이 좋고 나쁜 건 실제로 있다. 운을 끌어올리는 방법은 과학적으로도 증명되었다'는 내용의 방송을 보았다. 운이 좋은 사람과 운이 나쁜 사람을 비교했을 때 운이 좋은 사람 쪽이 지능적으로 뛰어나다거나 유복하다, 또는 앞을 예지하는 능력이 있는 것은 절대 아니라고 한다. 그렇다면 어떤 사람이 운이 좋을까. 바로 항상 웃는 사람, 그리고 매사를 긍정적으로 생각하는 사람이다. 사고방식이나 행동을 바꾸기만 해도 운을 한껏 끌어올릴 수 있다.

눈앞에 편한 길과 힘든 길이 펼쳐졌을 때도 운이 좋은 사람은 '힘든 길'을 선택한다. 힘든 길을 선택했다는 것은 그쪽 길로도 잘해나갈 자신이 있기 때문이다. 하지만 사람들은 대부분 '편한 길'을 선택한다. 그쪽이 편하니까. 그러면 편한 길에는 많은 사람이 모여들어 경쟁률이 높아지므로 결과적으로는 힘든 길 쪽으로 간 사람이 성공하게 되는 것이다.

동전을 던져서 앞면과 뒷면이 나올 확률은 어느 쪽이든 50퍼센트라고 생각하기 쉽지만, 실제로 해보면 앞면이 많이 나온다는 사람도 있고 뒷면이 많이 나온다는 사람도 있다. 오히려 50 대 50이 되기가 더 어렵다.

이와 마찬가지로 부자가 되는 것도 '단지 운이 좋았을 뿐'인 우연한 결과가 아니다. '나는 운이 좋다'는 믿음이 있고 '그러니까 부자가 될 수 있다'고 생각한 사람이 부자가 된다. 자신은 운이 나쁘다든가 부자가 될 리 없다고 생각하는 사람이 우연히 부자가 되는 일은 거의 없다.

옛날 무도武道의 세계에서 '이길 거라고 생각하지 마라, 그렇게 생각하면 진다'라는 말이 있었다. 이는 '이길 수 있다고 생각하면 그 순간 방심하게 되므로 항상 긴장을 늦추지 말고 사심 없이 승부에 도전하라'는 의미다. 그러므로 역시 '이겨야지!' 하고 의욕을 보이며 싸우지 않으면 이길 수 없고 '꼭 홈런을 쳐야지' 하고 마음먹지 않으면 홈런도 칠 수 없다.

부자가 되는 것도 마찬가지다. 우선 '나는 운이 좋다'고 생각하라. 그리고 '부자가 될 거야' 하고 마음먹고서 수입의 10퍼센트라도 모으면 운기가 높아지는 데다 가속의 법칙마저 작용해 그 이상으로 돈을 모으게 된다.

계속 읊으면
사랑으로 바뀝니다

"'나는 운이 좋아' 하고 생각하면 정말로 운이 좋아집니다" 하고 아무리 강조해도 좀처럼 '나는 운이 좋아' 하고 생각하지 못하는 사람이 있다. 운이 나쁜 사람이나 항상 걱정거리가 있는 사람은 여러 가지 이유가 있어서겠지만 그 대부분은 대체로 '두려움'에서 연유한다. 항상 화를 내는 사람도 처음에는 두려움에서 시작되었다. 두려움이 공격적으로 바뀌면 분노가 된다. 두렵지 않은 사람은 화를 내지 않는다. 그리고 그 두려움이 자신의 내면을 향하면 스스로 공격해서 우울해지는 것이다.

인간의 마음에는 '사랑'과 '두려움'밖에 없다. 마치 동전의 양면과 같아서 사랑이 나올 때는 두려움은 나오지 않고 두려움이 나올 때는 사랑이 나오지 않는다. 그렇다면 어떻게 해야 두려움이 생기지 않을까. 언어에는 영적인 힘이 깃들어 있어 '두렵지 않다, 화나지 않는다, 운이 좋다, 운이 좋다, 운이 좋다' 하고 여러 번 반복해서 말하면 효과가 있다. 두려움은 대체로 아무 생각도 하지 않거나 한가할 때 고개를 내민다. 인간은 한 번에 한 가지밖에 생각하지 못한다. 주먹을 쥐면서 동시에 손바닥을 펼 수 없는 것과 같다. 주먹을 쥐든지 손바닥을 펴든지 한 가지밖에 할 수 없다. 그러므로 '두렵지 않다, 화나지 않는다, 운이 좋다, 운이 좋다, 운이 좋다'를 계속해서 읊으면 마음속에서 두려움이 사라지고 사랑으로 가득 차게 된다.

두려움의 파동을 없애면
상상이 현실로 됩니다

두려움에는 사실, 아무 근거가 없다. '이 아이의 장래가 걱정이야' 이런 말을 끊임없이 하는 부모가 있는데 그것은 본인이 제멋대로 공포를 자아내고 있을 뿐이다.

과거는 '지나간 일'이므로 이미 존재하지 않는다. 그리고 미래는 앞으로의 일이므로 '상상'이다. 따라서 어머니가 '이 아이의 장래가 걱정이야' 하는 것은 어머니의 상상일 뿐이다. 더군다나 부정적인 상상이다. 부정적인 상상을 하면 실제로 그렇게 될 확률이 높아진다는 사실이 과학적으로도 증명되었다. 아이의 일이 걱정스럽다면 오히려 부정적인 일을 상상해서는 안 된다. 만약 아무래도 걱정이 된다면 '두렵지 않다, 화나지 않는다, 운이 좋다, 운이 좋다, 운이 좋다'라고 읊거나 '이 아이는 아무 걱정 없어!' 하고 말해보라. 아이를 위해서라도 그렇게 말해줘야 한다. 이러한 생각과 말이 아이와 부모에게서 두려움의 파동을 없애준다. 당신이 '약간 나쁜 일'을 생각하면 그 생각한 만큼 나쁜 파동이 모인다. 그러면 파동의 영향으로 진짜 '약간 나쁜 사람'이 되는 것이다. 반대로 '약간 좋은 일'을 생각하면 그만큼 좋은 파동이 마음에 괴어 '약간 좋은 인간'이 된다. 사람들은 '약간'이라고 해서 대수롭지 않게 여기기 쉽지만, 그 '약간'에 따라 결과가 달라지기도 하고 전혀 다른 일이 일어나기도 한다. 지금의 당신은, 태어나서 현재까지 생각해온 일들의 결과물이다. 지금 일어나고 있는 일들도 과거에 한 생각에서 영향을 받고 있다. 그러므로 지금부터 앞으로 일어날 일을 스스로 통제하기 위해서는 '앞으로는 다 잘될 거야!'라든가 '안심해도 돼' 하고 미래에 희망을 품을 수 있는 말을 지속해야 그만큼 희망적인 일이 일어난다.

희망의 말이 쌓이고 쌓인 만큼 '약간 운이 좋은 사람'에서 '비교적 운이 좋은 사람'으로, 그리고 나서 '운이 무척 좋은 사람'으로 바뀐다.

생각한대로 됩니다

지금 당신에게 일어나고 있는 현상은 '과거에 한 생각'에서 비롯되었다. 그러므로 당신은 당신이 생각한 대로의 인간이 되는 것이다. 석가모니도 예수 그리스도도 같은 말씀을 했다. 그러므로 앞으로 일어날 일을 바꾸고 싶다면 지금부터 사고방식을 바꿔라. 말을 바꾸고 사고도 바꾸면 된다. 그렇게 거듭 쌓아가면 일어나는 일이 바뀌고 인생도 달라진다.

당신이 하는 말은 당신을 행복하게도 하고 불행하게도 한다. 그뿐만 아니라 주위를 행복하게도, 또는 불행하게도 한다. 어머니가 그 이치를 알고 있으면 자신은 물론, 자녀와 남편도 행복하게 할 것이다. 자녀의 걱정을 해서는 안 된다는 뜻이 아니다. 다만 걱정이라는 두려움의 파동을 내뿜기보다는 '잘될 거야' 하는 사랑의 파동을 만들어내는 것이 중요하다는 의미다. 그러면 부모가 내보내는 '사랑의 파동'을 받아 아이들도 사랑의 파동을 갖게 된다.

바람이 없는 방에서 종이를 위에서 바닥을 향해 수직으로 떨어뜨리면 앞면이 위로 오게 떨어지는 경우와 뒷면이 위로 오게 떨어지는 경우가 반반의 확률이어야 하지만 '앞, 앞' 하고 마음속으로 빌면 '앞'이 될 확률이 압도적으로 높아진다.

사람의 생각에는 에너지가 있다. 그렇기에 생각은 여러 가지 상황에서 영향을 미친다. 기왕 생각할 거라면 불안해지는 일을 생각하기보다는 오늘이, 그리고 내일이 즐거워질 수 있는 일을 생각하는 것이 좋다.

말투를 바꾸면
좋은 인생이 찾아옵니다

사람은 때때로 '회사에서 잘리면 어떡하지?'라든가 '결혼 못 하면 어쩌지?' 하고 이것저것 불안한 생각에 휩싸이지만, 일어나는 문제에는 모두 '해결책'이 있다. 따라서 실제로 문제가 일어나면 '어떻게 해결할까?' 하고 궁리하면 된다. 그뿐이다.

고민하고 있는 상태는 '두려움'이라고 할 수 있다. 두려움은 인간의 운세를 나쁘게 할 뿐만 아니라 더 나아가 그 사람이 능력을 발휘할 수 없게 만든다.

결혼하지 못할 것 같아 고민이 된다면 결혼정보

회사를 찾아갈 수도 있고, 그 밖에도 문제를 해결할 방법은 얼마든지 있다. 문제 해결을 위한 올바른 행동을 취하지 못하는 것은 내면에 두려움이 도사리고 있기 때문이다. 두려움은 '불행의 파동'이므로 행복과는 멀찌감치 떨어져 있다. 두려움에서 생겨나는 행복은 없다. 고민은 개별 문제보다도 두려움에서 온다. 두려워하기 때문에 그 문제를 끌어당기는 것이다. 그러므로 우선 그 두려움을 없애야 한다. 두려움이 사라지면 무엇을 해야 좋을지 자연히 알게 된다.

'나는 이렇고, 이래서 불행해' 하고 줄줄 읊어대는 사람이 많다. 이런 사람에게 꼭 해주고 싶은 말이 있다.

"동전만 해도 그렇게 계속해서 뒷면만 나오지 않거늘 왜 당신에게만 불행이 일어나는 걸까?"

무언가를 바꾸지 않는 한 일어나는 현상은 바뀌지 않는다.

우선 사용하는 말을 바꿔라. '운이 좋다, 운이 좋

다, 운이 좋다' 하고 말하면 '운이 좋은 일'이 일어나고, 결혼하든 하지 않든 '운이 좋은 인생'으로 바뀐다.

'운이 없는 사람'은 결혼해도 운이 없다.

내가 가는 곳이
가장 좋은 곳입니다

길이 두 갈래로 나뉘어 있을 때란 '어느 길로 가야 좋은 일이 일어날까'를 선택해야 하는 문제가 아니다. 운이 좋은 사람은 어느 쪽으로 가도 운이 좋고 운이 없는 사람은 어느 쪽으로 가도 운이 없다. 점술에서도 '북쪽이 길하다'는 식으로 말하지만, 나는 그런 점괘에 전혀 신경 쓰지 않는다. 나 자신이 운이 좋기 때문에 내가 가는 곳이 가장 좋은 곳이기 때문이다. 따라서 어디로 가든 내게는 좋은 일밖에 일어나지 않는다.

설령 원치 않는 일이 생긴다고 해도 얼마 지나면

'그 일이 있어서 다행이었어!' 하고 좋은 일로 전환한다. 반대로 운이 나쁘다고 생각하는 사람은 어디로 가든 운이 없으며 한 가지 문제를 해결해도 또 다른 문제를 끌어당긴다. 운이 좋은 나는 중학교밖에 나오지 않았지만 큰 부자가 되었다. 사람들은 모두 '근본'을 바꾸지 않은 채 눈앞에 일어나는 현상만을 바꾸려고 한다.

어떤 사람이 '부모가 이혼한 후 아버지가 행방을 감추었고 나를 거두어준 곳에서는 괴롭힘을 당했으며, 결혼했더니 이번에는……' 하고 줄줄이 자신의 불행을 되뇌고 있기에 나는 "왜 자신에게만 불행이 계속되는지 생각해본 적이 있나?" 하고 물었다. 자신에게만 잇달아 불행이 닥친다면 '이건 이상한걸!' 하고 깨달아야 한다.

마음은 곧 생각이므로 바꾸는 데는 1초도 걸리지 않는다. 그러므로 우선 자신은 운이 좋다고 말하면, 말한 만큼은 바꿀 수 있다. 하지만 자신만 불행하다고 한탄하는 사람일수록 쉽게 바꾸지 못한다. 아무것도 바꾸지 않고서 무언가가 바뀌기만을 바라기만 해서는 아무 소용없다. 근본을 바꾸지 않고 현상만을 바꾸는 것은 불가능하기 때문이다.

그리고 생각을 '완전히 바꾸는' 것도 사실은, 불가능하다. 그럼 무엇을 바꿔야 할까. 바로 '말'이다. 마음은 대굴대굴 움직이기 때문에 바꾸었다고 해도 바로 원래대로 되돌아오고 만다. 그래서 그때마다 마음에 깃든 힘을 다해 "괜찮아"라든가 "운이 좋아"라고 말하면서 항상 마음이 불안한 쪽으로 기울지 않도록 다잡아야 한다.

'잘 됐다'라고 되뇌며
마무리하세요

내게 상담한 후에 출세하거나 성공한 사람에게는 어
떤 공통점이 있다. 그것은 과거에 일어난 괴로운 일이
나 실패를 '오히려 잘된 거야' 하고 인정한 점이다. 반
대로 자신의 상황을 바꾸지 못한 사람은 '그때 이렇게
해야 했는데' 또는 '……를 용서할 수 없어' 하고 언제
까지나 지나간 일에 얽매여 헤어나질 못하고 있다. 과
거는 바꿀 수 없지만 미래는 바꿀 수 있다고들 말하지
만, 먼저 과거에 생긴 일을 용서하거나 인정하고 내려
놓지 않으면 언제까지고 앞으로 나아갈 수 없으며 미

래를 바꿀 수도 없다.

출세나 성공을 이룬 사람은 내게 "히토리 씨를 만나서 참 좋았어요"라고 감사의 말을 전하곤 하는데, 이렇듯 마지막에 '좋았다'고 생각할 수 있다는 것이 중요하다. 무슨 일이 있든 어떤 일이 생기든, 마지막에 '정말 잘됐어' 하고 생각할 수 있으면 그것은 좋은 일로 남는다. 마지막에 '좋았어'로 마무리할 수 있으면 그 사람의 인생은 '좋았던 인생'이다. 지금까지의 일은 어찌 되었든 괜찮다. 지금까지의 일은 이미 끝났다. 그리고 앞으로의 일은 '상상'이므로 자신에게 좋은 방향으로 '창조'하면 된다. 새로이 만들어가는 것이다.

다만 당장은 바뀌지 않을지도 모른다. 여세라는 것이 있으니 당연하다. 가령 시속 100킬로미터로 달리다가는 급브레이크를 밟아도 곧바로 멈추지 않지만 몇 십 미터 정도 속도를 줄여 달리다가 브레이크를 밟으면 바로 멈출 수 있는 것과 같은 이치다. 달리는 도중

에 갑자기 핸들을 꺾으면 전복해버리므로 충분히 속
도를 떨어뜨리거나 멈추고 나서 핸들을 돌려야 한다.

지금보다 덜 불행해질 수 있고
더 행복해질 수 있습니다

두려움을 갖고 있는 사람은 어떤 운이 다가와도 붙잡지 못하기 때문에 성공할 수 없다. 반면에 스스로 운이 강하다고 생각하는 사람은 어떤 일이 닥쳐도 '이건 나에게 좋은 일이야' 하며 받아들이고 운이 좋은 일로 바꾼다. 또한 많은 사람이 실패를 겪지 않으려고 하지만 실은 실패하는 것이 좋다.

컵이 두 개가 있는데 한쪽에는 소금물이, 또 다른 한쪽에는 설탕물이 들어 있다고 하자. 컵 두 개를 뚫어져라 바라보기만 해서는 아무리 시간이 흘러도 구별

할 수 없다. 조금 맛을 보면 될 일이다. 대부분의 사람이 '어느 쪽일까?' 하며 한 시간쯤 생각할 동안에, 나라면 1분도 지나지 않아 맛을 보고 어느 쪽이 설탕물이고 어느 쪽이 소금물인지를 가려낼 것이다. 망설여봤자 알아낼 수 없는 일을 고민하는 것 자체가 또한 운을 나쁘게 만든다. 그러므로 우선 자신이 절대적이지 않다는 사실을 인지해야 한다. 성공의 비결은 '신은 절대적이지만 나는 절대적이지 않다'는 사실을 아는 일이다.

성공한 사람일수록 자신에게 속는다. '자신은 현명하다'고 속는다. 하지만 신을 믿는 사람은 자신이 절대적이지 않다는 사실을 잘 알고 있다. 이번 일은 이렇게 하면 틀림없이 해결될 거라고 믿으면서도 자신이 결코 절대적이지 않다는 사실을 잘 알고 있다. 그렇기에, 일단 해보고 만약 실패하면 바로 바꿀 수 있다.

인간은 완벽하지 않다. 그것이 신의 사랑이다. 완

벽할 수 없기에 아무리 좋은 것을 만들어도 또다시 개선해서 더 좋은 것을 만들어낼 수 있다. 완벽한 것은 더는 진화할 수 없기 때문에 허물어질 일만 남아 있다. 자동차만 해도 지금 출시되는 차종에는 최신 기술이 적용되어 있지만 앞으로 한층 더 편리한 자동차가 만들어질 것이다. 사람도 완벽하지 않기에 지금보다 더 나아질 수 있다. 당신이 지금 아무리 불행하다 해도 반드시 행복해질 수 있으며, 당신이 지금 무척 행복하다면 더 행복해질 수 있다.

자신의 불완전함을
온전히 받아들입시다

내가 사업을 시작하고 나서 지금까지 줄곧 성장을 계속할 수 있었던 것도 나 자신이 완벽하지 않은 존재라는 사실을 알고 있기 때문이다. '이쪽이다!' 하고 결정한 일도 '혹시 저쪽인가?' 하며 새로운 가능성을 열어두기 때문에 일이 잘못되면 바로 방향을 전환할 수 있다. 병풍은 폭마다 구부려 세워놓기 때문에 쓰러지지 않는다. 이와 마찬가지로 사람도 구부러지듯이 나아가면 된다. 그런데 대개 실수하지 않고 똑바로만 나아가려고 하기 때문에 쓰러지는 것이다. 또한 머리가 좋은 사람일수록 크게 실패한다.

세상 사람들이 "히토리 씨는 대단해요!" 하고 말해준다고 나까지 덩달아 '나는 대단해!' 하고 우쭐하면 안 되는 것이다. 남들이 한껏 추어올려 줘도 자신은 완벽하지 않다는 사실을 잊지 말아야 한다. 아무리 성공해도 스스로 미숙함을 아는 사람은 겸허한 자세를 유지한다.

앞서 말한 컵 이야기를 다시 한 번 언급하자면, 아무리 자신이 있어도 '이게 정말 설탕물일까?' 하고 조심조심 핥아서 확인하라. 섣불리 과신하고 벌컥 들이켜니까 문제가 생기는 것이다. 투자할 때도 자신의 판단을 과신하고 투자하기 때문에 다시 만회하지 못할 정도로 큰 손해를 보는 것이다.

장사에서도 자신들이 고객에게 도움이 될 수 있는 일을 생각해야 한다. 고객이 자신들을 위해 존재하는 것이 아니다. 그 사실을 잊지 말자. 겸허하지 못한 사람은 실패하기 마련이다. 일할 때 아무리 자신이 있다고 해도 얼음 위를 걷는 것처럼 신중해야 한다.

'머리가 좋다'는 것은 학력이 높은 것도 아니고 지식이 풍부하다는 뜻도 아니다. 오직 자신이 불완전하다는 사실을 아는 것이다. 우리는 인간이기에 완벽하지 않으며 완벽할 필요도 없다. 사람은 완벽하기를 바라고 목표로 삼기도 하지만 신은 결코 사람이 완벽하기를 바라지 않는다. 신이 바라는 것은 인간이 성장하는 일이다.

한결같은 마음으로
모든 일을 대하세요

어떤 일을 해도 두려움은 있는 법이다. 특히 '첫걸음'은 누구에게나 두렵다. 하지만 덕을 쌓으면 쓸데없는 두려움이 사라진다. 이를테면 화장실에 들어갔다가 더러우면 닦고 나온다든가, 밥을 먹고 나서 '맛있었어요' 하고 감사의 말을 전하는 등 소소한 덕을 쌓아라. 평소에 좋은 일을 할수록 '덕을 많이 쌓으면 신이 내 편이 되어준다'는 믿음이 생겨 불필요한 두려움이 없어진다. 사람은 누구나 두려움을 갖고 있다. 두려운 게 당연하다. 만약 '나는 전혀 두렵지 않다'는 사람이 있다면 그 사람은 단지 둔감한 것뿐이다.

아무리 두려워도, 그래도 역시 한 발을 앞으로 내디뎌야 앞으로 나아갈 수 있다. 그럴 때 잔뜩 겁을 집어먹고 한 발을 내딛지 못하느냐, 두려워도 과감히 한 발을 내딛느냐의 차이는 평소에 덕을 쌓고 끊임없이 감사하고 한결같이 마음을 단련하는 데에 있다. 덕을 쌓으면 '만일의 경우에도 반드시 신이 지켜준다'는 자신감이 생겨 한발 앞으로 나아갈 수 있다. 그 첫걸음을 내디딜 때, 평소에 덕이 있어 신이 내 편이 되어주니까 문제없다고 믿어야 한다.

덕을 쌓는 것은 중요하다. 덕을 쌓는다고 해서 바로 좋은 일이 생기지는 않을지 몰라도 반드시 당신이 가장 필요로 할 때 그동안 쌓은 덕이 자신에게 되돌아올 것이다.

신이 그리는 인생은
당신의 범위보다 크고 넓습니다

입시처럼 '싫다고 해서' 도망칠 수 없는 일들이 있다. 그리고 정말로 운이 좋은 사람은 시험에 합격해도 운이 좋고, 설사 시험에 떨어져 희망하는 곳과는 다른 학교에 가더라도 그곳에서 평생 친구를 만난다거나 진학을 포기하고 취직한 직장에서 성공하기도 한다. 당신이 생각하는 인생은 당신이 그린 인생이지만 신이 그려준 인생은 더욱 스케일이 크다. 그러므로 덕을 쌓아 운만 좋게 하면, 당신이 실망하는 일이 생기더라도 실제로는 나중에 매우 좋은 일로 이어질 것이다.

나 역시, 설마 내가 누계 납세액으로 일본 최고가 되고 책을 써서 베스트셀러가 될 거라고, 또는 전국에 몇십만 명이나 되는 팬이 생길 거라고는 상상조차 하지 못했다. 솔직히 말하면 어릴 때부터 별로 갖고 싶은 것도 없었고 그저 푼돈과 자유가 있으면 그걸로 좋다고 생각했는데 신이 이런 무대를 마련해준 것이다. 내가 한 일이라고는 화장실이 더러우면 깨끗하게 닦고 나온다든가 다른 사람을 칭찬하고, 별로 맛이 없는 라면이라도 "잘 먹었습니다. 맛있었어요" 하고 감사의 마음을 표현하는 정도다. 다시 말해 내가 할 수 있는 일상의 소소한 덕을 쌓아왔을 뿐이다.

　　수도꼭지에서 똑똑 떨어지는 물방울은 아주 미미하지만 어느새 양동이에 한가득 물이 차는 것과 마찬가지로, 작은 덕이라도 쌓다 보면 언젠가는 소중한 기회로 바뀐다. 반대로 뒤에서 남의 흉이나 보고 불손한 언동을 반복한다면 그 일들이 언젠가 큰 불행이 되어 자신을 덮칠 것이다. 신은 당신에게 대단한 일을 하라고 하지 않는다. '할 수 있는 일을 하라'고 말할 따름이다. 신은, 할 수 있는데도 하지 않는 것을 가장 싫어한다.

돈이 곤란해진 상황을
극복하게 합니다

같은 돈을 모으더라도 '부자가 되고 싶어'라고 생각해 모으는 것과 '곤란한 일이 생기면 큰일이니까' 하고 모으는 것은 그 결과가 완전히 다르다. 곤란한 일이 일어날 때를 위해 돈을 모으면 실제로 곤란한 일이 일어나 모아둔 돈이 없어진다. '두려움' 때문에 돈을 모으면 '두려운 일'로 인해 돈이 다 사라진다. 무슨 일이 생기면 큰일이니까 돈을 모으자고 생각하면 '무슨 일이 생겨서' 돈을 홀랑 집어삼킨다. 그보다는 더욱 윤택해지고 싶다고 생각하며 모으는 편이 좋다. 마음속에 풍요로움의 씨를 뿌리면 풍요로운 열매를 맺고 두려움의 씨를 뿌리면 불안의 열매가 열린다. '웃으면 복이 온다'는 말이 있듯이 정말로 웃으면 행복해지며, 항상 웃고 있으면 운이 좋아진다는 것은 과학적으로도 증명되었다.

웃는 행위는 '자신이 웃는' 것도 중요하지만 '상대가 보았을 때 어떻게 비춰질까'도 상당히 중요하다. 운은 자신이 발하고 다른 사람이 갖고 오는 것이기 때문이다. 따라서 상대가 어떻게 생각하는지는 항상 중요하다. 만나면 기분이 좋아지는 사람이 있는가 하면, 어쩐지 만나기만 하면 기분이 가라앉는 사람도 있다. 멀리서도 만나러 가고 싶은 사람이 있는 반면에 함께 있는 시간이 괴로워 견딜 수 없는 사람도 있다. 기왕이면 남들에게, 나를 만나면 기분이 좋아지고 멀리서도 만나러 오고 싶다는 말을 듣는 인생을 보내는 편이 좋지 않은가.

꿈보다
노력을 키우세요

신을 믿는 사람은 문제가 일어났을 때 그에 대처하는 사고방식도 다르다. 대부분의 사람은 발생한 문제를 해결하면 '다행이야!' 하고 생각한다. 하지만 나는, 문제가 일어나면 손해라고 여기기 때문에 문제를 해결하면 '플러스마이너스는 제로'가 되니 고심한 만큼 손해를 보았다고 생각한다. 신은 아무 까닭 없이 문제나 시련을 주지 않는다고 믿기 때문에 해결만 하고 말 게 아니라, 그 문제를 통해 무언가를 배우고 성장해 이득을 얻어야 한다는 의미다.

'한 치 앞은 어둠'이라고 생각하는 사람과 '한 치 앞은 빛'이라고 생각하는 사람에게는 각각 일어나는 현상도 다르고 인생도 다르다.

"어떻게 하면 한 치 앞을 빛이라고 생각할 수 있습니까?" 하는 질문을 자주 받는다. 그렇게 생각하기가 어렵다면 우선 말로 하면 된다. 계속 말하다 보면 언젠가 그렇게 생각이 들 것이다. 불행한 사람은 느닷없이 불행해진 것이 아니다. 어렸을 때부터 생각해온 것이 쌓이고 쌓여 현재의 자신을 형성한 것이다.

생각을 갑자기 바꾸라고 다그친들 좀처럼 바뀌지 않겠지만, 평소에 사용하던 말을 바꿔서 하다 보면 일어나는 현상도 달라지고 상대가 보는 눈도 달라져 마침내는 세상이 달라지고 인생도 달라진다. 극단적으로 말해서 아무리 심술 맞은 생각을 하는 사람이라도 타인에게 다정다감하게 말하면 '자상한 사람이네' 하는 평판을 얻는다.

돈의 신이
사랑하는 나

부자가 되고 싶다면 우선 '50만 원이 있으면 좋겠어' 하고 진지하게 생각하라. 그리고 50만 원을 갖게 되면 그다음에는 '100만 원을 갖고 싶어' 하고 간절히 바라는 것이다. 그렇게 100만 원을 갖게 되면 성공이다. 생각한 일이 현실이 되면 '내가 원하는 일이 이루어졌어' 하고 자신감이 붙는다. 그 자신감이 다음의 도전과 행동으로 이어지고 따라서 운도 좋아진다.

진정한 성공은 성공을 거듭하는 일이다. 성공을 거듭해나가면 당신의 파동이 바뀐다. 파동이 바뀌

면 끌어당기는 대상도 달라진다. 그렇거늘 갑자기 1억
원, 또는 10억 원을 목표로 하니까 뜻한 대로 안 되고
좌절을 느끼는 것이다.

부자가 되고 싶으면 우선 자신이 가능한 단계에
서 시작해야 한다. 일단 30만 원부터 시작하고 그다
음은 60만 원, 90만 원, 이렇게 성공을 거듭하면 뇌가
'하면 된다'고 인식하게 된다. 자신이 없는 사람일수록
'이루어지지 않을 꿈'을 꾼다. 그러고는 애써도 성과가
없다며 필요 이상으로 위축되는 것이다. 그러므로 목
표는 낮추어야 좋다.

한 푼도 저축하지 못했던 사람이 30만 원을 모을
수 있다면 그것만으로도 '부자'다. 그리고 그 부자 상
태를 계속 이어나가면 되는 것이다. 30만 원을 모았다
면 축하를 해라. 그러고 나서 30만 원을 더 모으면 또
축하하는 식으로 즐겁게 돈을 모아라. 목표물이 너무
멀리 있으면 힘만 들뿐 하나도 즐겁지가 않다. 대개

'큰 꿈을 가져라!' 하고 말하지만 나는 이렇게 말해주고 싶다. '꿈은 작게 노력은 크게!' 그러면 누구든지 성공할 것이다.

작은 기적에 감사하지 않는 사람에게
커다란 기적이란 있을 수 없습니다

사자는 '백수百獸의 왕'으로 불리는데, 사자가 정말로 천하무적이라면 세상이 온통 사자로 가득 차겠지만 실제로는 그렇지 않다. 이는 신이 존재한다는 증거다.

얼마 전에 중화요리점에 가서 식사할 때의 일이다. 주문한 메뉴 가운데서 아직 나오지 않은 요리가 있는데 벌써 배가 부른 게 아닌가. 그래서 혹시나 하고 물었더니 가게 직원이 그 주문을 깜빡 잊고 있었다고 한다. 나는 그 말을 듣고 '역시 신은 있어' 하고 생각했다.(웃음) 신이 있다고 믿으면 사소한 일에도 감사한 마음을 갖게 된다. 눈앞에서 바다가 갈라져야만 신을 믿을 수 있다면 그것은 안타깝고도 가여운 일이다. 하지만 모세는 바다가 갈라지기 전부터 신을 믿었고, 그렇기에 기적이 일어난 것이다. 작은 기적에 감동하지 않는 사람에게는 커다란 기적이 일어나지 않는다. 기적이란 전화번호 수첩과 같다. 한 장 한 장은 매우 얇지만 그 종이가 겹쳐 한 권이 되었을 때는 무척 두꺼워진다. 마찬가지로 작은 기적을 믿을 수 있기에 그것이 쌓여 커다란 기적이 일어나는 것이다. 운이 좋다는 것도 마찬가지다. 좋은 일이 일어나지 않으니까 운이 좋다고 생각할 수 없는 게 아니라, 운이 좋다고 생각하니까 좋은 일이 일어나는 것이다.

당신도 나도 모두 '신의 자식'이다. 받아들일 준비만 하면 언제든지 풍요로움과 행복이라는 '신의 사랑'을 맞아들일 수 있다.

나는 여러분에게 '돈의 진리'를 알려주고 싶다. 모두 돈의 진리를 알고 부자가 되면 이 나라에 부자가 늘어난다. 그리고 부자가 많은 나라가 부유한 나라다. 복지가 잘되어 있는 국가를 부유하다고 말하지만 돈을 벌어 제대로 세금을 내는 사람이 없으면 복지도 성립되지 않는다. 또한 복지 서비스를 받는 사람도 돈의 진리를 알면 부유해져서 더 이상 받지 않아도 되는 상태가 될 것이고, 혜택은 정말로 필요한 사람들에게 고루 미칠 것이다. 세금을 내는 사람도 속이려고 하지 않고 자신이 내는 세금이 필요한 사람에게 사용된다고 생각하면 기쁜 일이 아닌가. 돈이 얽히면 분쟁이 일어난다고들 하지만 원래 돈은 신이 인간을 행복하게 하기 위해 만들었다. 돈을 둘러싸고 다투거나 곤란한 일이 생기는 까닭은 '그건 잘못되었다'라고 신이 알려주고자 하는 것이며 그만큼 배움이 필요하다는 증거다.

따라서 이러한 사실을 깨닫고 자신이 번 돈의 10퍼센트를 남겨라. 나머지는 자신의 행복을 위해, 그리고 주위의 행복을 위해 사용하라. 그렇게 하면 돈에 쪼들리지 않을 뿐만 아니라 '진정한 풍요로움'도 손에 넣을 수 있을 것이다.

우리가 살면서 가장 많이 입에 올리는 단어는 과연 뭘
까. 사랑? 행복?

이런 말들은 마음과 머릿속에 늘 가득 차 있으면
서도 막상 소리 내어 말하기에는 왠지 쑥스럽고 간지
러워 목구멍에서 꿀꺽 삼킨 적이 더 많을 것 같다. 반
면에 왠지 입에 올리면 속물이 되는 것 같고 부정적인
이미지가 먼저 떠올라 쉽사리 말로 내기 주저하면서
도, 그러나 우리네 일상 속에 가까이 있고 수없이 말
로 내는 단어는 아마도 '돈'이 아닐까.

우리는 돈을 벌기 위해 일하고, 일해서 돈을 번

다. 그 돈으로 사는 데 필요한 물건을 사고 저마다 원하는 가치와 맞바꾸면서 인생의 목표라고도 할 수 있는 행복을 얻고자 한다.

《돈의 진리》는 우리 생활에 깊숙이 들어와 있으며 인생에서 떼려야 뗄 수 없는 '돈'에 관해서, 12년간 연속해서 일본 소득 납세액 최고 10위 안에 드는 신기록을 세운 기업가 사이토 히토리 씨가 그 본질을 밝히고 돈에 대한 신념과 애정을 당당하게 드러낸 책이다. 우리가 돈을 어떻게 대해야 하는지, 돈의 노예가 되지 않으려면 어떻게 살아야 하는지, 그리고 부자가 되려면 어떻게 해야 하는지, 우리가 꼭 한 번 짚어보아야 할 이야기들을 옆 사람에게 툭툭 던지듯 알기 쉽게 조언해준다.

그의 말은 통쾌하다. 간결한 메시지와 경쾌한 말투에서 자신감이 풀풀 풍겨 나오는데, 신기하게도 부자의 거만함에서 나오는 불편한 자신감이 아니라 긍정 에너지가 발사되어 읽는 사람에게까지 전염되는 듯한 기분 좋은 자신감이다. 때로는 우리가 잘 알고 있는, 어쩌면 당연한 답에 피식 웃음이 나오기도 하지만, 희한한 건 피식 웃고 나면 왠지 마음이 아주 가벼워지는 기분이 들고 심각하게만 여겨지던 문제가 어느새 큰일이 아닌 듯이 느껴진다는 사실이다. 묘한 중독성이 있다.

히토리 씨는 돈에 대해 음성적이고 부정적인 이미지를 갖는 건 돈의 본질을 이해하지 못한 채 경박하고 탐욕스럽게 돈을 대하고 잘못 사용하는 사람들이 만들어낸 편견의 그림자일 뿐이라고 날카롭게 일갈한다. 정당한 노력의 대가로 손에 넣고 소중히 지킨 당당하고 깨끗한 자산으로써의 돈의 진리와 그 돈을 부르는 운을 이야기하고, 운을 부르는 사고와 말투를 알려준다. 저자는 부자인 자신이 살아오면서 겪고 느낀 이야기들을 책으로 많이 펴내고 있으며 국내에도 《부자의 운》, 《부자의 인간관계》, 《부자의 행동습관》 등 여러 권의 저서가 번역되어 독자들의 많은 사랑을 받았다.

말투가 운을 불러 모으고 긍정적인 사고가 부와 성공을 가져다준다는 저자의 글을 읽으면서 문득, 그러고 보니 나는 이미 그의 말을 실천하고 있다는 걸 알았다.

집안 행사나 가족의 기념일에 선물 또는 외식으로 돈을 쓸 때면, 엄마는 빼놓지 않고 꼭 한마디씩 하신다.

"너 돈 많이 써서 어떡하니?"(진짜 많이 쓴 게 아님)

"돈 쓸데도 많을 텐데 뭘 이런 걸 사 왔어?"(그냥 '어머, 좋아라. 잘 쓸게. 고마워!' 하시면 좋으련만)

살갑지 못한 딸은 엄마의 걱정과 배려에 자근자근 상냥하게 대답하지 못하고 순간 망설이지만, 바로 이렇게 너스레를 떤다.

"아, 가진 게 돈밖에 없는 걸 어떡해! 돈이 많아서 너무 거추장스럽네."

그러면 진심으로 딸 걱정에 안쓰러워하던 엄마 표정이 갑자기 밝아지며 빵 웃음을 터뜨린다.

"호호호. 말이라도 그렇게 하니 기분 좋네!"

전혀 근거 없는 헛소리인 줄 알면서도 의외로 정말 유쾌하신 모양이다. 엄마의 웃음소리에 나 또한 덩달아 기분이 좋아지고 마치 진짜 부자가 된 것만 같다. 말 한마디로 효도한 느낌이 들어 뿌듯하기까지 하다.

저자가 말하는 긍정적인 마음과 운을 부르는 사고가 바로 이런 게 아닐까. 돈을 좇아 급급하거나 불안해하며 일하지 말고, 이렇게 여유로운 마음으로 열심히 일하다 보면 돈은 저절로 뒤따라온다고 했으니, 미래를 상상하면 행복하기만 하다(이 말대로 안 되면 나

중에 따지러 가야겠다).

저자는 운이 좋다고 믿으면 정말로 운이 좋아지고, 운을 부르는 말만으로도 기적이 일어난다고 강조한다. 교세라를 창업한 이나모리 가즈오 회장도 역시 그의 저서 《사장의 도리》와 《카르마 경영》에서 같은 의미의 말을 했다.

"인생은 마음에 그리는 대로 이루어진다. 간절하게 생각한 일이 현실로 나타난다."

"좋은 생각을 하면 좋은 일이 찾아오고 나쁜 생각을 하면 꺼림칙한 운명이 기다린다."

이나모리 가즈오 회장은 이를 우주의 법칙이라고 했는데, 이 책에서 히토리 씨가 말하는 '신'의 존재가 바로 이 우주의 법칙과 같은 뜻일 것이다.

운을 부르는 사고와 돈을 대하는 자세, 그리고 부와 성공을 끌어당기는 비밀을 호쾌하게 이야기하는 히토리 씨의 말을 한마디 한마디 새기며 옮기는 동안 다시금 《시크릿》과 《백만장자 시크릿》도 읽어보면서 한껏 마음의 부자가 되었다.

또한 《철학은 어떻게 삶의 무기가 되는가》를 번역하면서 인상 깊었던 문장들 가운데 하나인, 미국 컴퓨터 과학자 앨런 케이의 말도 떠올랐다. 결국 같은 진리를 말하고 있지 않은가.

"사고방식을 바꾸면 미래가 바뀐다. 생각한 대로 된다."

"미래를 예측하는 최선의 방법은 미래를 만들어 내는 일이다."

우리가 원하는 미래, 원하는 삶을 우리 자신의 마음과 생각대로 만들어갈 수 있다는 믿음은 현재에도 불안을 없애주고 편안한 마음과 함께 자신감, 그리고 희망을 불어넣어 준다. 처음 사이토 히토리 씨의 이 책을 손에 들었을 때, 제목을 보고는 단순히 '돈'에 관해서만 쓰였을 거라고 얼핏 생각했지만 막상 한 줄, 한 줄씩 우리말로 옮기는 동안 이 책은 참으로 많은 것을 생각하게 해주었고 긍정의 에너지를 살포시, 그러나 강하게 전해주면서 나를 미래로 이끌었다.

히토리 씨는 한마디로 자신감과 긍정의 아이콘이다. 그의 말에는 여러 번 곱씹어볼수록 묘하게 빠져드는 매력이 있다. 그가 알려주는 돈에 대한 진리와 신념 그리고 지혜를, 여러분도 반드시 곱씹으면서 읽어보기를 바란다.

2019년 가장 좋아하는 봄날에
번역가 김윤경

김윤경

한국외국어대학교를 졸업하고 일본계 기업에서 무역과 통번역을 담당하다가 일본어 전문 번역가로 방향을 돌려 새로운 지도를 그려나가고 있다. 현재 출판번역 에이전시 글로하나를 꾸려 외서 기획 및 언어별 번역 중개 업무도 함께 하고 있다.
역서로는 《철학은 어떻게 삶의 무기가 되는가》, 《나는 단순하게 살기로 했다》, 《인생 절반은 나답게》, 《나는 상처를 가진 채 어른이 되었다》, 《적당한 거리를 두세요》, 《불편한 사람과 편하게 대화하는 법》, 《사랑이 끝나고 나는 더 좋아졌다》, 《결국 성공하는 사람들의 사소한 습관의 차이》, 《나는 착한 딸을 그만두기로 했다》 등 다수가 있다.

돈의 진리

1판 1쇄 발행 2019년 6월 14일
1판 9쇄 발행 2023년 12월 12일

지은이 사이토 히토리
옮긴이 김윤경

발행인 양원석
편집장 김건희
디자인 소요 이경란
영업마케팅 조아라, 정다은, 이지원, 한혜원

펴낸 곳 ㈜알에이치코리아
주소 서울시 금천구 가산디지털2로 53 20층(가산동, 한라시그마밸리)
편집문의 02-6443-8902
도서문의 02-6443-8800
홈페이지 http://rhk.co.kr
등록 2004년 1월 15일 제2-3726호

ISBN 978-89-255-6674-0 (03320)